a Bíblia
explicada

A História Bíblica

James E. Smith

LATM
o que livros realizam

James E. Smith

Publicação original por College Press Publishing como *Bible History Made Simple* por James E. Smith, © 2009 pelo College Press Publishing Co.

Traduzido e impresso com a permissão de College Press Publishing Company P.O. Box 1132, Joplin, MO 64802 USA.

www.collegepress.com

Traduçao por Lucas Pestana
Diagramação por Nathan Holland

(Edição: Português Brasileiro)
ISBN: 978-1-930992-99-3

Dedico este livro a

Dr. Paul e Peggy Johnson
Servos octagenários dedicados
Encorajadores
Amigos

CONTEÚDO

Prefácio

Alguém poderia dizer que o primeiro passo no estudo bíblico sério deve ser obter um panorama de todos os livros da Bíblia, um por um. Esse foi o caminho que me foi indicado no meu primeiro ano de estudos no Seminário Bíblico de Cincinnati (que agora é a Universidade Cristã de Cincinnati). Certamente há espaço para este tipo de estudo. Ao longo dos anos, no entanto, tenho sentido que até mesmo antes desse panorama deveria haver aquele tipo de gráfico que mostra o desenrolar da história bíblica. Os livros da Bíblia não estão organizados numa ordem cronológica. Principiantes no estudo da Bíblia frequentemente ficam perplexos quando têm que pular para lá e para cá entre diferentes contextos históricos. Esse problema se mostra ainda mais agudo nos Profetas Maiores e nos Menores.

O propósito deste livro é apresentar o desenrolar da história bíblica, desde a criação no Gênesis até a nova criação em Apocalipse. Eu pude identificar dezessete períodos dentro da história bíblica. O mesmo esquema geral foi seguido para os períodos no Antigo Testamento. A duração e as fontes de informação para cada período são discutidas. Uma escritura temática que resume a ação naquele período é sugerida. *Pessoas Principais*, grandes eventos e milagres para cada período são anotados. Para cada período, a ênfase especial na mensagem de Deus é apresentada. A seção chamada *Aplicação Cristã* fornece pelo menos uma ilustração de como os eventos de um dado período são usados pelos escritores do Novo Testamento para encorajar ou instruir os cristãos. Cada período conclui-se com a identificação do *evento divisor de águas* que encerrou aquele período, seguida de um quadro resumindo de forma extremamente concisa a informação a respeito daquele período.

Os períodos do Novo Testamento seguem o mesmo esquema com poucas alterações. *Aplicação Cristã* passa a ser *Antecipação no Antigo Testamento*. É aqui que cito uma passagem profética que antecipa os eventos do período do Novo Testamento em questão.

Para se beneficiar ao máximo deste livro, tenha sempre a sua Bíblia à mão, se possível na *Nova Versão Internacional* (NVI). Um bom atlas bíblico, ou então aqueles mapas ilustrados que vêm nas últimas páginas de muitas Bíblias, também vão ajudar bastante.

Fico feliz em dar crédito à Sociedade da Escola Bíblica Vespertina da Primeira Igreja Cristã de Winter Park, na Flórida, por me ajudar a dar o título em inglês a este livro. Dentre as várias boas sugestões, escolhi a da membra mais jovem na nossa Sociedade, da Sr.ª Veronika Nyberg, que na época estava na oitava série na Geneva Christian School.

O título promete mostrar a história bíblica de forma simples. Foram eliminadas citações de palavras gregas ou hebraicas. Pouca coisa aparece documentada, a não ser pelas referências bíblicas. Não escrevi este livro para impressionar leitores fazendo uso da minha erudição. Neste livro, eu tento escrever como quem leciona há quarenta anos para estudantes no primeiro ano do nível superior.

Simples é um termo relativo. O que pode ser simples para uma pessoa pode ser terrivelmente difícil para outra. Procurei reduzir a história bíblica aos mais básicos dos termos. Nesta obra, os nomes são aportuguesados conforme aparecem na *Nova Versão Internacional* (NVI).

Para as datas dos reis durante os períodos dos Reinos Irmãos, Assírio e Babilônico, usei o recente estudo de Rodger Young, *Journal of the Evangelical Theological Society* 48 (junho de 2005): 225–248.

VENDO ALÉM

O homem moderno vê a história com desdém. Muitos concordariam com Shakespeare que disse que a própria vida "é uma história contada por um idiota, cheia de som e fúria e vazia de significado". Outros fariam coro à afirmação mais direta de Henry Ford: "História é besteira!" Para muitos alunos, aprender história é meramente recitar fatos e datas. Já um crente, consegue encontrar Deus em toda a história. Deus é quem escreve a história! A crença inabalável da fé cristã é que o Senhor reina para sempre; seu trono vai de geração em geração (Lamentações 5:19).

Vamos tomar algumas definições. *História* é o ramo do conhecimento que registra e explica o passado. A *história bíblica* é a recitação e interpretação do passado que se encontra registrado na Bíblia.

A Natureza da Bíblia

Foco em Deus. O Criador viu ser apropriado revelar um pouco sobre si mesmo, seus caminhos e sua vontade em vários momentos e de várias formas ao longo da história (Hebreus 1:1–2). Esta revelação está registrada na Bíblia. A Bíblia, no entanto, não apenas *contém* a palavra de Deus, mas num sentido muito especial a Bíblia também *é* a palavra de Deus. O ensino cristão é que Deus inspirou ou orientou os escritores bíblicos para que eles registrassem apenas o que fosse verdadeiro e que Deus quisesse que a humanidade soubesse. (2 Timóteo 3:16; 2 Pedro 1:21). Assim, a história bíblica não é a história do homem ou de algum movimento humano; é a história de

Deus. Deus é quem escreve a história. Deus é o seu foco principal. Conforme cada episódio se segue, o leitor deve perguntar-se: "Onde Deus estava nisso? Por que Deus registrou este incidente? Como Deus usou este incidente para o seu grande propósito?"

Foco em Cristo. O grande propósito de Deus era trazer seu Filho Jesus ao mundo para se tornar o nosso Salvador. Em certa medida toda a história bíblica até o nascimento dele aponta para a sua vinda. Jesus ensinou seus discípulos a buscar por ele em toda a Escritura. "E disse-lhes: 'Foi isso que eu lhes falei enquanto ainda estava com vocês: Era necessário que se cumprisse tudo o que a meu respeito está escrito na Lei de Moisés, nos Profetas e nos Salmos'. Então lhes abriu o entendimento, para que pudessem compreender as Escrituras" (Lucas 24:44–45).

No Antigo Testamento Cristo foi revelado profeticamente; no Novo Testamento, ele é revelado historicamente. No Antigo Testamento, Cristo aparece por sombras, imagens, tipos, rituais. No Novo Testamento, Cristo aparece em substância, pessoa, verdade, realidade. O anseio dos santos do Antigo Testamento por um Redentor foi capturado nestas palavras de Jó: "Se tão-somente eu soubesse onde encontrá-lo" (Jó 23:3). A satisfação dos discípulos no Novo Testamento é expressa nas seguintes palavras, parafraseadas da fala de Filipe: "Nós o achamos!" (João 1:45).

Sem Cristo, o Antigo Testamento reduz-se a cerimônias sem explicação, propósitos sem cumprimento, aspirações não satisfeitas e profecias não realizadas. O Antigo Testamento pode ser comparado a um rio poderoso que flui para o oceano. Remova Cristo, e o rio não tem mais para onde ir. Ele é simplesmente engolido pelas areias do tempo como um rio correndo no deserto.

A Estrutura da Bíblia

Duas divisões principais: Uma olhada rápida na Bíblia indica que ela é uma coleção de sessenta e seis livros individuais. Esses livros estão em uma das duas principais divisões chamadas *testamentos*. A palavra testamento significa *aliança* ou *acordo*. O mais antigo dos dois testamentos contém os livros que foram escritos pelo menos quatrocentos anos antes do nascimento de Cristo. Estes livros compõem o que até hoje são as Escrituras Judaicas. Os cristãos chamam essa divisão de *Antigo Testamento*. Ela consiste de trinta e nove livros. Os outros livros da Bíblia foram escritos dentro dos sessenta anos que se seguiram à morte de Cristo. Esses livros são chamados de *Novo Testamento*. Juntos, ambos os testamentos constituem as Escrituras Cristãs. Os cristãos depreendem seu conhecimento dos caminhos e da vontade de Deus destes livros.

Variedade. A Bíblia não apresenta a uniformidade que alguém esperaria encontrar ao ler um livro moderno, escrito por um único autor. Deus não deu aos escritores bíblicos um manual de estilo. Cada um deles expressou a mensagem à sua própria maneira. Assim, há uma grande variedade dentro da Bíblia. É possível encontrar na Bíblia prosa e poesia. Há narrativas, dados censitários, genealogias, cartas, canções, sermões, plantas de edificações, leis, visões, parábolas, e muitos outros tipos de literatura.

Não cronológica. Os livros de ambos os testamentos não estão organizados pela ordem em que foram escritos. Por exemplo, muitos estudiosos acreditam que Jó é o livro mais antigo do Antigo Testamento. Na Bíblia atual, no entanto, Jó é o décimo oitavo livro. No Novo Testamento, muitos pensam que o vigésimo livro, Tiago, foi a primeiro a ter sido escrito. Embora ler a Bíblia de capa a capa seja valioso para alguns propósitos, fazê-lo não vai pintar um quadro que corresponda a como os eventos de fato se desenrolaram.

Semelhanças. Apesar de os dois testamentos da Escritura serem muito diferentes, eles também têm algumas semelhanças impressionantes. Ambos os testamentos começam com um homem, um representante — Adão, o filho de Deus (Lucas 3:38), e Jesus, o Filho de Deus (Marcos 1:1). Satanás intromete-se em ambos os testamentos, no primeiro em um jardim (Gênesis 3), no segundo em um deserto (Mateus 4). Em ambos os testamentos, Deus escolheu trabalhar com um povo em particular: Israel no Antigo (Levítico 19:2), e a Igreja no Novo (1 Pedro 2:9). Uma lei foi dada em cada um dos testamentos. Moisés deu a Lei a Israel no Monte Sinai (Êxodo 20); Cristo deu a lei de seu Reino no Sermão do Monte (Mateus 5—7). Ambos os testamentos concluem com uma profecia da volta de Cristo. (Malaquias 3:1; Apocalipse 22:12).

Arranjo dos livros. O arranjo dos livros do Antigo Testamento lembra o dos livros do Novo Testamento. Ambos os testamentos começam com livros que tratam dos fatos que *fundam* a história — Gênesis a Deuteronômio no Antigo; os quatro Evangelhos no Novo. A tais livros fundacionais seguem-se livros que tratam de *retratar* a história — Josué a Ester no Antigo; Atos no Novo. Depois, em ambos os testamentos vem uma seção de livros que focam-se nos problemas do *dia-a-dia* dos crentes — Jó a Cantares no Antigo; Romanos a Judas no Novo. Finalmente, ambos os testamentos concluem com uma seção acerca do futuro — Isaías a Malaquias no Antigo; Apocalipse no Novo.

A Unidade da Bíblia

Enredo. Em termos bastante amplos, é possível enxergar a unidade da Bíblia ao comparar os capítulos que abrem o primeiro livro (Gênesis) com os capítulos que concluem o último livro (Apocalipse). A comparação de início/fim é mostrada no quadro a seguir.

Harmonia de Tema	
Em Gênesis	**Em Apocalipse**
Criação dos Céus e da Terra	Criação dos Novos Céus e Terra
Começo do Pecado	Destruição do Pecado
Dor, Tristeza, Sofrimento e Morte têm Começo	Dor, Tristeza, Sofrimento e Morte têm Fim
O homem pecador é privado da Árvore da Vida — Expulso do Paraíso	O homem redimido pode comer da Árvore da Vida — Restaurado ao Paraíso
Satanás Vitorioso	Satanás Derrotado
O Homem vai da Vida à Morte	O Homem vai da Morte à Vida

Foco. Na Cruz, Deus proveu a redenção à humanidade pecadora. Isto significa que Deus pagou o preço necessário para libertar as pessoas da escravidão do pecado. O preço necessário foi o sangue do cordeiro perfeito de Deus, Jesus. O Novo Testamento centra a redenção em Jesus Cristo. Ele comprou a igreja com seu próprio sangue (Atos 20:28), deu sua carne pela vida do mundo (João 6:51). Sendo o Bom Pastor, Jesus deu a vida por suas ovelhas (João 10:11). Ele demonstrou seu imenso amor ao dar a vida pelos seus amigos (João 15:13).

O livro de Norman Geisler, *Cristo: A Chave para Interpretar a Bíblia* (Moody Press, 1975), demonstrou que cada seção da Escritura, e de fato, cada livro da Bíblia, aponta para Cristo de alguma forma bem específica. Alguém até poderia dizer que a Cruz de Cristo é o foco do Antigo Testamento, dos Evangelhos, de Atos, das Epístolas do Novo Testamento e de Apocalipse, como ilustrado no diagrama a seguir.

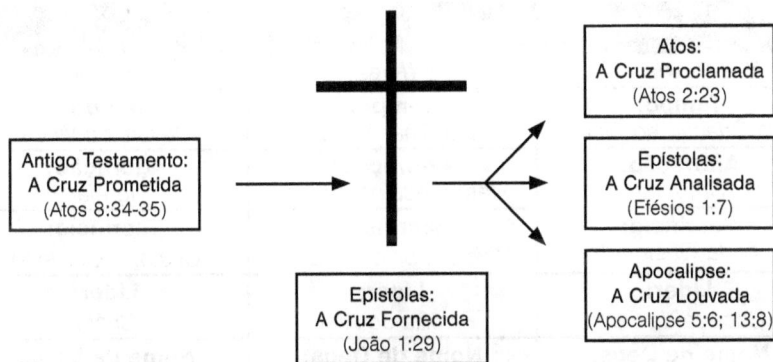

A história bíblica é a história da redenção, do início ao fim. Os Patriarcas (pais de Israel) receberam a *promessa* da redenção. Havia nos rituais de adoração de Israel uma *imagem* da redenção. Ao longo de todo a história de Israel a *providência* de Deus conduzia à redenção. As *profecias* de redenção caracterizam os profetas do Antigo Testamento. Nos Evangelhos, Deus fez a *provisão* para a redenção ao enviar seu único Filho ao mundo. Em Atos há a *pregação* da redenção. As Epístolas destacam a *perfeição* da redenção. Em Apocalipse, os santos dão *louvor* a Deus pela redenção.

Eras Bíblicas

Todo o tempo compreendido pela história bíblica pode ser dividido em três grandes Eras ou Dispensações. Uma *Era* é um longo período de tempo durante o qual Deus lidou com a humanidade em conformidade com um conjunto de princípios estabelecidos. Durante cada Era, as pessoas são testadas ou julgadas de acordo com a sua aderência (ou não aderência) aos princípios que Deus revelou. As três grandes eras reveladas na Bíblia são:

- **Patriarcal**
- **Mosaica**
- **Cristã**

AS TRÊS GRANDES ERAS DA HISTÓRIA BÍBLICA		
Era Patriarcal	**Era Mosaica**	**Era Cristã**
Tempo: *Da Criação ao Sinai*	**Tempo:** *Do Sinai à Cruz*	**Tempo:** *Da Cruz à Vinda*
Adoração: *Um Altar*	**Adoração:** *Tabernáculo/Templo*	**Adoração:** *Igreja*
Sacrifício: *Oferta Queimada*	**Sacrifício:** *Ofertas pelo Pecado*	**Sacrifício:** *Cristo, o Cordeiro*
Líder: *O Cabeça da Família*	**Líder:** *Família de Arão*	**Líder:** *Cristo*
Nome de Deus: *El Shaddai*	**Nome de Deus:** *Yahweh*	**Nome de Deus:** *Pai*
Iluminação: *Luz das Estrelas*	**Iluminação:** *Luz da Lua*	**Iluminação:** *Luz do Sol*
Palavra-chave: *Promessa*	**Palavra-chave:** *Preceitos*	**Palavra-chave:** *Perfeição*

As expectativas de Deus para o seu povo eram diferentes em cada uma destas grandes eras, Cada Era teve seus próprios *fatos para crer, mandamentos para obedecer, advertências para atentar* e *promessas para abraçar*. O que Deus pediu e/ou permitiu na Era Patriarcal não foi necessariamente tolerado ou pedido na Era Mosaica. Nesta mesma linha, não se pede aos cristãos que obedeçam todos os 613 mandamentos da Lei de Moisés. Os termos específicos da salvação depois da Cruz não são necessariamente os mesmos daqueles antes da

Cruz. Nas Eras Moisaca e Cristã, a luz da verdade de Deus brilhou de forma ainda mais clara. A natureza, a vontade e os objetivos de Deus se tornaram ainda mais claros. O gráfico acima resume as principais diferenças entre as três grandes Eras.

Linha do Tempo Bíblica

Personagens fundamentais. Se uma pessoa tem alguma familiaridade com a história bíblica, terá ouvido falar de Abraão, Moisés, Davi e Jesus. Outra figura, talvez não tão conhecida assim, é Neemias, o último dos grandes personagens do Antigo Testamento. Usando estes cinco grandes nomes da Bíblia como âncoras, podemos pintar um quadro geral da história bíblica. Por enquanto, usaremos datas aproximadas e arredondadas.

Abraão viveu 2.000 anos antes de Cristo. Assim fica fácil de lembrar visto que nós vivemos cerca de 2.000 anos depois de Cristo. Cerca de 600 anos se passaram entre Abraão e Moisés. Isto coloca Moisés a cerca de 1.400 anos antes de Cristo. Entre Moisés e Davi, cerca de 400 anos se passaram. Isto significa que Davi viveram cerca de 1.000 anos antes de Cristo. Cerca de 600 anos se passaram entre Davi e Neemias. Isto coloca Neemias (o fim do Novo Testamento) a cerca de 400 anos antes de Cristo. Este esquema é bem fácil de lembrar. Ele fica assim:

2000 a.C. Abraão	600	1400 a.C. Moisés	400	1000 a.C. Davi	600	400 a.C. Neemias	400	6 d.C. Cristo

Podemos nos lembrar destes cinco pontos importantes da linha do tempo bíblica com um recurso mnemônico:

A Mão Divina Nos Conforta

Livros da Linha to Tempo. A linha do tempo da história bíblica está estabelecida primariamente por onze livros no Antigo Testamento e cinco livros no Novo Testamento. Pode-se dizer que estes são livros em que a história do povo Deus *segue adiante*, numa sequência mais ou menos cronológica. Eles encontram-se listados na linha superior dos dois quadros abaixo. Os livros na segunda linha podem ser designados como livros de *pausa, variação* ou *foco*. O material nos livros de foco deve ser inserido na linha do tempo estabelecida junto à linha superior.

Linha do Tempo do Antigo Testamento								
Gênesis	Êxodo	Números	Josué	Juízes	1 e 2 Samuel	1 e 2 Reis	Esdras	Neemias
↑↑↑	↑↑↑	↑↑↑		↑↑↑		↑↑↑	↑↑↑	↑↑↑
Jó	Levítico	Deuteronômio		Rute		Salmos — Habacuque 1 e 2 Crônicas	Ester Ageu Zacarias	Malaquias

Linha do Tempo do Novo Testamento			
Mateus Marcos Lucas João		Atos	
		↑↑↑ Romanos — 2 Tessalonicenses Filemom Tiago	1 Timóteo — Tito Hebreus 1 Pedro — Apocalipse

Vamos fazer uma pausa. Tome fôlego, é hora de repassar o que aprendemos até agora. É tão fácil quanto contar até cinco:

Um Livro Único
A Bíblia

Duas Grandes Coleções
O Antigo e o Novo Testamentos

Três Grandes Eras
Patriarcal, Mosaica e Cristã

Quatro Expectativas
Fatos, Mandamentos, Advertências, Promessas

Cinco Personagens Fundamentais
Abraão, Moisés, Davi, Neemias, Cristo

Períodos Bíblicos

Estudando a Bíblia, é possível dividir de forma a linha do tempo bíblica, de forma geral, em períodos baseados nas condições do povo de Deus, na natureza da sua liderança ou de eventos que transcorreram. Estes períodos encontram-se assinalados no começo e no fim de cada um destes grandes eventos, que chamamos de *eventos divisores de águas*.

Era Patriarcal. Na Era Patriarcal houve quatro períodos distintos. Estes períodos serão discutidos em detalhes nos capítulos seguintes. Por enquanto, vamos nos concentrar em visualizar o todo.

1. **Primórdios**
2. **Dispersão**
3. **Peregrinação** (2092 a.C.)
4. **Egípcio** (1877 a.C.)

Na Era Patriarcal, Deus estava educando seu povo em alguns dos princípios fundamentais da fé e da obediência. Tente usar este recurso mnemônico para lembrar-se dos quatro períodos que compreendem a Era Patriarcal:

Primeiro Dispense os Peregrinos Egípcios

A primeira letra de cada palavra serve para estimular sua memória quanto aos nomes de cada um dos quatro períodos que compõem a Era Patriarcal.

Era Mosaica. A Era Mosaica recebe mais atenção na Escritura. Dez períodos distintos são assinalados por eventos divisores de águas. Estes dez períodos serão discutidos nos capítulos que se seguirão.

5. **Deserto** (1447 a.C.)
6. **Conquista** (1407 a.C.)
7. **Juízes** (1367 a.C.)
8. **Reino Unido** (1043 a.C.)
9. **Reinos Irmãos** (931 a.C.)
10. **Assírio** (723 a.C.)
11. **Babilônico** (605 a.C.)
12. **Persa** (539 a.C.)
13. **Silêncio** (400–6 a.C.)
14. **Encarnação** (6 a.C.)

Jesus viveu e morreu debaixo da Era Mosaica. A sua morte na Cruz como o sacrifício perfeito pelo marcado marcou o clímax desta Era, que durou quase 5.000 anos.

Agora vem a parte desafiadora. Você consegue se lembrar dos nomes dos dez períodos que compõem a Era Mosaica? Você pode tentar este recurso mnemônico (ou inventar o seu):

Desde o Começo Juramos ReUnir, sem RIrmos, Assinantes com Bebês Perfeitamente Silenciosos e Encantadores

Era Cristã. Os primeiros setenta anos da Era Cristã são parte da história do Novo Testamento. Estes setenta anos são divididos por eventos divisores de águas em três períodos.

15. **Derramamento** (30 d.C.)
16. **Paulino** (39 d.C.)
17. **Perseguição** (63 d.C.)

E aqui vai mais outro desses recursos mnemônicos doidos para ajudar você se lembrar das coisas boas que Deus nos prometeu na Era Cristã. Nossas promessas cristãs são tão doces quanto um...

Delicioso Pavê de Pêssego

E assim concluímos uma primeira visualização ampla do terreno que atravessaremos nos capítulos seguintes. Então, vamos lá.

Capítulo Um

Período dos Primórdios
A Espiral Decadente do Pecado

A fonte para os três primeiros períodos da história bíblica (e metade do quarto) é o Livro de Gênesis, o primeiro livro da Bíblia. O nome *Gênesis* significa *primórdios* ou *começos*. É um nome muito apropriado para este que é o primeiro livro. Gênesis literalmente descreve o começo de tudo — o mundo natural, o pecado, casamento, Israel, a esperança da salvação pelo Messias, para falar só de alguns desses "começos". *Primórdios* é realmente um bom nome para o primeiro período da história bíblica.

Nos círculos acadêmicos, o Período dos Primórdios é chamado Período Antediluviano. *Antediluviano* significa *antes do Dilúvio*, em referência ao grande Dilúvio global dos tempos de Noé. Na Escritura, o Período dos Primórdios encontra-se em **Gênesis 1—8**.

Duração

Quanto tempo se passara antes do Dilúvio? Essa é uma pergunta difícil. Se somarmos todas as idades dos dez Patriarcas dos Primórdios (Gênesis 5) quando cada um deles teve seu primeiro filho, seria possível concluir que *pelo menos* 1.656 anos se passaram da Criação até o Dilúvio. Os cristãos nunca foram dogmáticos quanto a estas questões cronológicas. Alguns estudiosos acreditam que alguns nomes foram omitidos da lista em Gênesis 5, como o fazem com frequência outras genealogias bíblicas. Para os propósitos deste curso rápido de história bíblica, designaremos a duração do período dos Primórdios como *incerta*.

Tema Escriturístico

O primeiro verso da Bíblia dá o tema para o Período dos Primórdios. "No princípio Deus criou os céus e a terra" (Gênesis 1:1). Os detalhes de como Deus criou céus e terra são parte do relato do Período dos Primórdios.

Pessoas Principais

Sete grandes personagens podem ser identificados durante o Período dos Primórdios.

- **Adão e Eva**
- **Caim e Abel**
- **Sete**
- **Enoque e Noé**

Adão e Eva, sendo o único casal de seres humanos criado diretamente pela mão de Deus, certamente valem a pena serem lembrados.

Caim e Abel, que podem ter sido irmãos gêmeos, foram os primeiríssimos humanos a virem ao mundo por meio do nascimento.

Não se sabe muito sobre **Sete**, além de que ele foi o filho de Adão por meio de quem o Messias prometido um dia viria ao mundo. É por esta razão que ele entra na lista de pessoas notáveis neste período.

Enoque e **Noé** são os dois únicos na Bíblia que se diz que *andaram* com Deus (Gênesis 5:22; 6:9). Ambos, Enoque e Noé, experimentaram a salvação de Deus. Enoque foi salvo do mundo, e nunca passou pela morte (Gênesis 5:24); Noé foi salvo por meio do Dilúvio.

Grandes Eventos

Durante os anos do Período dos Primórdios, foram registrados cinco grandes eventos, dos quais quatro são mencionados nos escritos do Novo Testamento. Leia as referências no Novo Testamento junto a cada um dos eventos. Prepare-se para compartilhar com a turma o que você está aprendendo sobre estes grandes eventos do período dos Primórdios. Aqui estão os cinco eventos:

- **Criação do mundo** (Hebreus 11:3; João 1:1–3)
- **Uma Queda repentina** (2 Coríntios 11:3; 1 Timóteo 2:14)
- **Um assassinato vil** (Hebreus 11:4; 1 João 3:12)
- **Um arrebatamento especial** (Hebreus 11:5; Judas 14–15)
- **Corrupção do casamento**

Criação (Gênesis 1—2). Há dois relatos da criação do mundo. Em Gênesis 1 Deus criou o universo (1:1). Depois ele formou (1:3–13) e encheu (1:14–31) a terra em seis dias. Em Gênesis 2 Deus nos dá uma visão detalhada, um enquadramento com zoom do sexto dia Criação. Aprendemos que no sexto dia Deus criou o ser humano, um jardim e animais especiais, e uma linda esposa para Adão. Deus é o Criador e o ser humano é a criação especial de Deus – estas são verdades fundacionais da Bíblia.

Queda (Gênesis 3). O termo *Queda* refere-se ao primeiro pecado. Adão e sua esposa Eva escolheram desobedecer à única proibição que Deus lhes tinha dado. Eva foi enganada pelo diabo. Por sua vez, ela levou seu marido a desobedecer também. Por causa desse pecado deliberado, Adão e Eva foram expulsos do jardim. Eles perderam o acesso à árvore da vida que estava no meio do jardim. O processo de morte começou a ocorrer em suas vidas.

Fratricídio (Gênesis 4). A vida era difícil para Adão e Eva fora do jardim. Dali a algum tempo nasceram-lhes dois filhos. Abel cresceu e tornou-se um homem íntegro. Ele dava a Deus o seu melhor em adoração. Seu irmão Caim, no entanto, era mau. Ele também fez menção de adorar o Senhor, mas Caim deu a Deus apenas os restos da sua plantação. Caim teve inveja do seu irmão, porque era óbvio que Deus favoreceu a Abel. Até que um dia Caim **assassinou seu irmão**. Deus expulsou Caim da área onde a família humana estava a crescer rapidamente. Caim foi forçado a se tonar um errante a vaguear pela terra. Dentre os descendentes de Caim desenvolveu-se uma civilização. O pecado se tornava mais prevalente e feio.

Arrebatamento (Gênesis 5:24). Depois de algum tempo Deus deu a Eva outro filho no lugar de Abel. O nome deste filho era Sete. Entre os descendentes dele havia pessoas piedosas. O mais piedoso deles foi Enoque, o sétimo depois de Adão. Enoque caminhou com Deus em tão íntima comunhão com Deus, que um dia Deus simplesmente levou-o para o céu. A isto chama-se o **arrebatamento** ou a trasladação de Enoque. Ele foi trasladado, transformado em seu corpo celestial imortal sem que passasse pela morte. O que aconteceu a Enoque é o que acontecerá aos santos de Deus que estiverem na terra no momento em que Cristo voltar. Os cristãos serão transformados em seus corpos imortais num piscar de olhos (1 Coríntios 15:52).

Corrupção. Apesar de alguns bons destaques como Enoque, a tendência geral da humanidade foi de tornar-se cada vez mais rebelde contra Deus. O casamento como originalmente estabelecido por Deus veio abaixo. Os filhos de Deus — provavelmente eram os descendentes de Sete — casaram-se as filhas dos homens que eles escolhessem. A referência parece ser à poligamia. Ao redor da época desses casamentos pecaminosos, um grupo de brutos ou tiranos chamados *Nefilim* surgiu na terra. Eles encheram a terra de violência (Gênesis 6:11). Vê-se retratado um cenário totalmente sem lei e sem moralidade. A corrupção do casamento foi o pecado culminante do Período dos Primórdios.

Grandes Milagres

A Criação foi um milagre do início ao fim, assim como também Noé ter sido poupado do Dilúvio. Não há registro de outros milagres neste período, a não ser que a marca dada a Caim tenha sido algum milagre não especificado (Gênesis 4:15).

A Mensagem de Deus

A Bíblia registra as grandes verdades que Deus revelou através dos séculos da existência humana. A isto chamamos *revelação progressiva*. No Período dos Primórdios quatro grandes verdades foram reveladas:

- **Dignidade do homem / igualdade da mulher**
- **Estrutura do casamento**
- **Existência e atuação de Satanás**
- **Necessidade de um Salvador**

Dignidade humana. Os seres humanos foram a coroa da criação de Deus. A unicidade da criação do ser humano é indicada de várias formas. Antes da criação do ser humano, houve uma deliberação da Divindade (Gênesis 1:26). Somente o ser humano foi feito à imagem e semelhança de Deus (Gênesis 1:26). Somente no que diz respeito ao ser humano é a sexualidade — macho e fêmea — expressa em detalhes. Isto indica que a sexualidade para o ser humano é diferente daquela para o reino animal. A mulher foi criada de uma costela tomada de um dos lados do homem. Isto sinalizava que ela não era de forma alguma inferior a ele. Ao homem e à sua companheira foi dado o domínio sobre todas as outras criaturas. Deus falou diretamente com o casal primevo e os abençoou. Todos estes fatos indicam a dignidade do homem e a igualdade da mulher.

Casamento. Quando Deus trouxe a mulher ao homem, ele estava convidando os dois a formarem uma união (Gênesis 2:22). Deus, de fato, realizou no primeiro casamento nos lindos arredores do Jardim do Éden. Adão recebeu sua esposa com alegria e entusiasmo. E ela, não protestou nem um pouco quanto à união. Ela aceitou alegremente o nome que Adão colocou nela (Gênesis 2:23). Gênesis 2 mostra a estrutura divinamente ordenada do casamento.

Do relato de Gênesis 2, podemos deduzir os princípios a seguir sobre o casamento. Primeiro, o casamento é monogâmico e heterossexual. Deus criou apenas uma mulher para Adão. Segundo, Deus sancionou a união ao trazer a mulher para o homem. O verdadeiro casamento é sancionado pela autoridade em exercício. Terceiro, tanto o homem quanto a mulher entraram nessa união de forma livre e animada. Quarto, o casal foi chamado a ser fértil a multiplicar-se. A união sexual é esperada no casamento. Quinto, o casamento estabelece um laço equivalente ao de parentesco sanguíneo. Adão declarou: "Esta, sim, é osso dos meus ossos e carne da minha carne!" (Gênesis 2:23).

O próprio Moisés, inspirado por Deus, estabeleceu três princípios para o casamento. "Por essa razão, o homem deixará pai e mãe e se unirá à sua mulher, e eles se tornarão uma só carne" (Gênesis 2:24).

Satanás. A Bíblia não fala muito sobre como Satanás veio a existir. Ele simplesmente aparece no Jardim do Éden. Obviamente, Satanás não poderia ter sido criado num estado maligno por Deus, porque isto faria de Deus o autor do mal. Em algum ponto antes da criação (Gênesis 1), um dos mais altos anjos de Deus provavelmente liderou uma rebelião contra Deus (Judas 6; 2 Pedro 2:4). Satanás não é um igual de Deus; ele pode fazer apenas o que Deus lhe permite fazer. Deus permitiu que Satanás tentasse a Eva no jardim para que ela tivesse a oportunidade de tomar uma decisão consciente de obedecer ao Senhor.

Satanás é chamado de *Serpente* em Gênesis 3. Quando abordou Eva, ele questionou a bondade de Deus e negou a palavra de Deus. Fica óbvio que Satanás odeia tudo o que Deus ama. Satanás se deleita em arrastar as pessoas que foram feitas à imagem de Deus como enganou Eva no jardim.

Salvador. A Queda do ser humano no pecado exigiu a tomada de contramedidas da parte de Deus, que ama a humanidade e quer que todas as pessoas sejam salvas. Cada pecador precisa do Salvador! Deus prometeu que, um dia, o Descendente da mulher esmagaria a cabeça da Serpente (Gênesis 3:15). Esta primeira revelação do evangelho é chamada pelos estudiosos da Bíblia de *Protoevangelho* — o primeiro evangelho. Esta é uma forma de dizer que Deus esteve a providenciar a vitória sobre Satanás e sobre o mal. Quando Jesus morreu na Cruz, ele deu o golpe final no diabo (1 João 3:8).

Aplicação Cristã

Há muitas referências no Novo Testamento aos primeiros capítulos de Gênesis. João 1:1–3, por exemplo, deixa claro que Cristo estava presente e envolvido ativamente na criação do mundo. "No princípio era aquele que é a Palavra. Ele estava com Deus, e era Deus. Ele estava com Deus no princípio. Todas as coisas foram feitas por intermédio dele; sem ele, nada do que existe teria sido feito." (Veja também Colossenses 1:15–16.)

Evento Divisor de Águas

Um evento divisor de águas é um que foi tão importante, que ele concluiu um período e marca o início de um novo período da história bíblica. O primeiro evento divisor de águas foi literalmente um pé d'água de proporções sem iguais. O Dilúvio é o principal tema de quatro capítulos da Bíblia.

Vamos fazer uma pausa. Abra sua Bíblia agora mesmo e leia estas referências do Novo Testamento a este grande evento: Mateus 24:38–39; Hebreus 11:7; 1 Pedro 3:20–21; 2 Pedro 2:5.

Aqui estão os principais fatos acerca do Dilúvio:

- **Extensão**: global
- **Fonte**: chuva e fontes do abismo
- **Duração**: mais de um ano
- **Sobreviventes**: oito pessoas + espécimes de animais
- **Meio da sobrevivência**: um grande barco chamado de "arca"
- **Propósito**: julgamento sobre a humanidade pecadora
- **Resultado**: um recomeço para a humanidade

O Dilúvio aconteceu no 600º ano da vida de Noé. As datas-chave, que dizem respeito ao aumento e à diminuição das águas, estão marcadas. Noé deve ter usado algum tipo de diário de bordo ao longo deste evento que mudou o mundo. As chuvas caíram por quarenta dias e noites, mas as águas prevaleceram sobre a terra por 150 dias. Foram necessários mais sete meses para que a terra secasse o suficiente para que as pessoas pudessem voltar a habitá-la. Ao todo, os sobreviventes ficaram na arca por 370 dias.

Deus encontrou apenas um homem justo na terra nos dias antes do Dilúvio. Noé e seus filhos (Sem, Cam e Jafé), junto com suas esposas, encontraram graça aos olhos de Deus (Gênesis 6:8). Eles demonstraram obediência a Deus quando construíram a arca, quando reuniram os animais a bordo e quando entraram na embarcação no dia designado. As grandes famílias de animais foram representadas por pelo menos um par de espécimes férteis cada. Os animais limpos — os que mais são usados pelos humanos — foram ou em número de sete, ou (mais provavelmente) sete pares (Gênesis 7:2; compare-se com a tradução ARC)

Os sobreviventes do Dilúvio estavam a bordo de uma grande embarcação chamada de arca. Esta embarcação tinha o comprimento de aproximadamente um campo e meio de futebol. Ela contava com três andares. Os três andares dividiam-se em compartimentos para os vários animais. A arca foi feita com madeira de gofer (ARC), uma planta que não pode ser identificada com certeza absoluta. Em algumas versões lê-se "madeira resinosa"; outras versões (NVI, NAA) interpretam que essa madeira seria cipreste, que se sabe ter sido usado para construir barcos na antiguidade. A embarcação foi impermeabilizada com piche ou betume. Este é um derivado do petróleo, uma substância pegajosa que brota do chão em algumas regiões no Oriente Médio.

O juízo do Dilúvio limpou o mundo do pecado. E assim permitiu que a humanidade recomeçasse.

Quadro Resumido

C R I A Ç Ã O	Período Nº 1 **Período dos Primórdios** Gênesis 1—8		D I L Ú V I O
	Pessoas Principais Adão e Eva Caim e Abel Sete Enoque e Noé	**Grandes Eventos** Queda Um assassinato Um arrebatamento Casamentos corrompidos	
	Duração Pelo menos 1.656 anos		

Capítulo Dois

Período da Dispersão
Uma Segunda Chance Desperdiçada

Quando Noé e sua família saíram da arca, eles chegaram a um mundo limpo. Tudo o que ofendia a Deus fora lavado. A arca finalmente repousou sobre as montanhas de Ararate, na região que hoje conhecemos como Armênia. De lá, os sobreviventes do Dilúvio migraram gradualmente para o sudeste, pelo vale dos rios Tigres-Eufrates. A humanidade recebia uma segunda chance de demonstrar obediência a Deus.

Por causa do grande evento que se passou então, o segundo período da história bíblica pode ser chamado de Período da Dispersão. Os estudiosos se referem a este período como o Período *Pós-diluviano* (após o Dilúvio). A referência na Escritura para este período encontra-se em **Gênesis 9—11**.

Duração

O Período da Dispersão começou com a saída da arca. E terminou com o chamado de Deus a Abrão. As Escrituras não explicitam em lugar algum quanto tempo o Período da Dispersão durou. A soma das idades na genealogia de Gênesis 11 indica que este período durou *pelo menos* 427 anos. As genealogias na Bíblia são "elásticas". É corriqueiro que gerações sejam omitidas. Assim, o tempo exato que transcorreu entre o Dilúvio e o chamado de Abrão não pode ser determinado. Por este motivo, a duração tanto dos períodos dos Primórdios quanto da Dispersão é *incerta*.

Tema Escriturístico

"De um só fez ele [Deus] todos os povos, para que povoassem toda a terra, tendo determinado os tempos anteriormente estabelecidos e os lugares exatos em que deveriam habitar" (Atos 17:26). O Período da Dispersão retrata a raça humana como uma única família, todos descendentes de Noé. Gênesis 9—11 descreve como esta única família humana se desenvolveu em várias nacionalidades, o que também implica em vários grupos raciais. No entanto, a ênfase fica na unidade da raça humana.

Pessoas Principais

Os três principais personagens no Período da Dispersão são uns poucos: o capitão de uma embarcação, sua tripulação de três homens e um caçador.

- **Noé**
- **Sem, Cam e Jafé**
- **Ninrode**

Noé é um personagem de transição. Ele deve estar na lista como o primeiro personagem principal deste período. Depois do Dilúvio, porém, os holofotes passam de Noé para seus três filhos, **Sem, Cam e Jafé**. Toda a população humana da atualidade descendeu de um desses três filhos. O último grande nome deste período é **Ninrode**. Ele é chamado de "O mais valente dos caçadores" (Gênesis 10:9). Ninrode foi um tirano, possivelmente um comerciante de escravos, e o primeiro homem na história a construir um império.

Grandes Eventos

As informações sobre o Período da Dispersão são esparsas. Quatro eventos podem ser identificados.

- **Noé adorou**
- **A humanidade caiu (de novo)**
- **As pessoas foram dispersadas**
- **Um império foi construído**

Adoração. A primeira coisa que Noé fez quando saiu da arca foi erguer um altar — o primeiro altar mencionado na Bíblia. Noé queria expressar a gratidão de sua família pela libertação da destruição do Dilúvio. A adoração de Noé consistiu de ofertas queimadas. Numa oferta queimada, toda a carcaça do animal sacrificado é consumida pelo fogo num altar. Ofertas queimadas expressam agradecimento e simbolizam dedicação por inteiro a Deus (Gênesis 8:20–21).

Queda. Passados anos depois do Dilúvio, Noé caiu no pecado. Ele plantou uma vinha, cultivou uvas, fez vinho, e ficou bêbado. Enquanto Noé estava em sua tenda, pelado e embriagado, Cam, o seu filho mais velho, entrou na tenda. Ele então saiu e foi contar aos seus irmãos. Cam mostrou desrespeito para com seu pai por (1) ter entrado na tenda de seu pai, (2) não ter coberto seu pai, e (3) ter descrito o que viu para seus irmãos em tom de zombaria. Sem e Jafé reprovaram o irmão deles através de suas ações. Eles entraram de costas na tenda (de forma a não verem seu pai) e cobriram-no (Gênesis 9:20–23). O ponto principal é que o pecado voltou à narrativa, destruindo a curta existência deste mundo sem pecado.

Dispersão. Ao invés de se espalharem pela terra como Deus havia orientado, as pessoas decidiram construir uma torre e uma cidade — a cidade de Babilônia. Embora haja dúvida sobre quais exatamente foram as motivações dos construtores, algumas coisas estão claras: A humanidade estava desafiando a autoridade de Deus. Para fazer com que a atividade de construção parasse, Deus confundiu as línguas humanas, de forma que os trabalhadores já não conseguiam mais se comunicar entre si. As pessoas se dispersaram. Os vários grupos de idiomas começaram a se espalhar pela terra como Deus tinha planejado (Gênesis 11:1–9).

Império. Ninrode era um descendente de Cam (Gênesis 10:8–12). Diz-se que ele construiu várias grandes cidades na região sul da Mesopotâmia (onde hoje fica o Iraque). Então, ele subiu ao longo do vale dos rios Tigres-Eufrates e construiu outro conjunto de cidades. Este pode ser considerado o primeiro império da história. Ninrode provavelmente construiu seu império com trabalho escravo. Este é outro sinal do pecado crescente no Período da Dispersão.

Grandes Milagres

Apenas um milagre foi registrado no Período da Dispersão: a confusão das línguas humanas na Torre de Babel. Nem todas as milhares de línguas modernas vieram a existir naquele momento. É provável que somente as grandes famílias de idiomas tenham se originado neste ato sobrenatural em Babel. Ao longo dos milhares de anos desde Babel, outras línguas (como inglês e português) se desenvolveram naturalmente.

A Mensagem de Deus

Três grandes revelações ocorreram durante o Período da Dispersão:

- **Os preceitos pós-diluvianos**
- **A promessa de Deus**
- **A profecia de Noé**

Preceitos. Deus deu a Noé alguns preceitos básicos segundo os quais viver depois que ele saiu da arca. Deus foi específico em autorizar o ser humano a comer carne (com certas restrições). Ele instruiu Noé e sua família a se espalharem e encherem a terra. Ainda mais importante, Deus estabeleceu as bases dos governos humanos ao autorizar a humanidade a tirar a vida daqueles que cometessem assassinato (Gênesis 9:1–7).

Promessa. Deus firmou uma aliança (um acordo ou promessa) com as pessoas e com os animais, que nunca mais destruiria o mundo por meio de um Dilúvio. Ele indicou que o arco-íris seria o sinal desse acordo. Enquanto houver a terra, o ritmo da natureza (verão, inverno, etc.) haverá de continuar (Gênesis 9:8–17).

Profecia. Algum tempo depois do pecado de Cam contra seu pai, Noé pronunciou uma palavra profética a respeito de seus filhos. Ele predisse que os descendentes de Canaã, o neto de Cam, se tornariam servos de todas as outras famílias dos descendentes de Noé. Este foco nos cananeus explica-se porque eles são o povo que mais tarde seriam vizinhos próximos dos israelitas. Ao longo de toda a história bíblica, os cananeus foram sujeitados primeiro pelos egípcios (também descendentes de Cam), depois pelos israelitas (descendentes de Sem), e finalmente pelos persas e gregos (descendentes de Jafé).

Noé também profetizou que algum dia Deus viria a habitar nas tendas de Sem (Gênesis 9:27). Esta profecia cumpriu-se quando Cristo veio ao mundo para viver entre o povo judeu (os semitas) por aproximadamente trinta e três anos. No Novo Testamento lemos sobre como "a Palavra (Cristo) tornou-se carne e viveu (acampou) entre nós" (João 1:14). A profecia de Noé sobre a vinda de Deus para habitar e acampar entre os semitas é a segunda profecia messiânica (profecia sobre Cristo) na Bíblia. (Esta profecia estaria interpretada erroneamente por algumas versões como a NIV em inglês e a TB em português, entre outras, que entendem "habite Jafé nas tendas de Sem".)

Aplicação Cristã

Visto que apenas três capítulos da Bíblia são dedicados ao Período da Dispersão, não deveríamos esperar encontrar muitas alusões a este período no Novo Testamento. Esta citação dos escritos de Pedro liga o Período da Dispersão à experiência do cristão.

> (...) Deus esperava pacientemente nos dias de Noé, enquanto a arca era construída. Nela apenas algumas pessoas, a saber, oito, foram salvas por meio da água, e isso é representado pelo batismo que agora também salva vocês — não a remoção da sujeira do corpo, mas o compromisso de uma boa consciência diante de Deus — por meio da ressurreição de Jesus Cristo. (1 Pedro 3:20–21)

Noé e sua família passaram pelas águas do Dilúvio e vieram a habitar um novo mundo, limpo de todo pecado. Assim também o crente passa pelas águas do batismo para experimentar o novo mundo da vida cristã.

Evento Divisor de Águas

O Período da Dispersão conclui-se com o chamado de Deus a Abrão. Pelos dados bíblicos, este evento pode ser datado ao redor do ano **2092 a.C.**

Abrão era um mercador abastado que morava em Ur, uma grande cidade na região sul da Mesopotâmia (onde hoje fica o Iraque). Deus disse a Abrão para deixar sua família e ir para uma terra que Deus lhe mostraria. Abrão não obedeceu de forma exata ao que Deus lhe disse. Ele tomou seu velho pai e outros familiares, e migrou para mais acima do rio Eufrates, para uma cidade conhecida como Harã. A princípio, ele não chegou até a Terra Prometida. Em Harã, Abrão estava em sua "zona de conforto". As pessoas ali falavam a mesma língua e adoravam os mesmos deuses que as pessoas em Ur.

Quando seu pai faleceu, Abrão recebeu um segundo chamado de Deus de ir para uma terra que Deus lhe mostraria. Desta vez Abrão obedeceu. Ele partiu, junto com sua esposa, servos e sobrinho, para a terra de Canaã.

Quadro Resumido

D I L Ú V I O	Período Nº 2 Período da Dispersão Gênesis 9—11		C H A M A D O
	Pessoas Principais Noé Os filhos de Noé Ninrode	**Grandes Eventos** A adoração de Noé A segunda queda da humanidade A dispersão das pessoas Um império é construído	
	Duração Pelo menos 427 anos		

CAPÍTULO TRÊS

PERÍODO DA PEREGRINAÇÃO
A BUSCA POR UMA CIDADE

Houve no Período da Dispersão grandes atos de rebeldia contra Deus e o espalhamento das pessoas debaixo do juízo divino. No terceiro período da história bíblica, Deus começa a trabalhar com um povo em especial. Seu plano era usar esse povo em especial para abençoar todos os outros povos para trazer o seu Filho a este mundo.

O Período da Peregrinação também é frequentemente referido como o período *Patriarcal*. Um patriarca é um pai ou ancestral. Em estudos bíblicos, o termo *patriarca* geralmente é usado em referência apenas a Abraão, Isaque e Jacó, e também os doze filhos de Isaque.

Abra sua Bíblia e leia o trecho do sermão de Estêvão em Atos 7:2–8. Repare como Estêvão refere-se a Abraão como *nosso pai* e aos filhos de Jacó como os *doze patriarcas*.

Trinta e cinco capítulos do Gênesis são dedicados ao Período da Peregrinação (**Gênesis 12—46**). Tal número de capítulos indica a importância deste período comparado aos dois períodos que já estudamos.

Duração

O Período da Peregrinação começa com o chamado de Deus a Abrão (cujo nome mais tarde será mudado para Abraão). Este chamado pode ser datado do ano 2092 a.C. usando os dados bíblicos.[1] O Período da Peregrinação terminou ao redor do ano 1877 a.C., quando Jacó e sua família migraram para o Egito numa época de grandes escassez e fome. Para este evento, podemos inventar o termo "**Êisodo**", para significar "*a entrada*" no Egito. Isto significa que o Período da Peregrinação durou **215 anos**, ou seja, cerca de dois séculos.

Tema Escriturístico

"Pela fé [Abraão] peregrinou na terra prometida como se estivesse em terra estranha; viveu em tendas, bem como Isaque e Jacó, co-herdeiros da mesma promessa" (Hebreus 11:9). Este verso destaca a natureza peregrinatória do terceiro período da história bíblica. Os patriarcas passavam suas vida em tendas. Eles estavam procurando por um lar permanente.

O tema do Período da Peregrinação é o da *fé testada*. Deus fez promessas maravilhosas aos patriarcas (Gênesis 12:1–3,7). Quem olhasse de fora, teria a nítida impressão que as promessas divinas pareciam não estar acontecendo. Deus prometera que faria os descendentes de Abraão serem tão numerosos quanto as estrelas no céu; no entanto, vinte cinco anos se passaram — ultrapassando a idade de ter filhos — sem que sua esposa Sara tivesse filhos. Deus prometera que Abraão seria bênção; no entanto, ele parecia causar problemas para muitos daqueles que o foram conhecendo. Deus prometera dar uma terra a Abraão; no entanto, a terra já estava ocupada. As mesmas promessas foram feitas a Isaque e a Jacó. A fé deles também foi testada de maneiras similares. Mesmo assim, apesar das aparências da situação, os patriarcas se apegaram à fé na palavra de promessa de Deus.

---

[1] Chegamos a esta data a partir de 967 a.C. para a data da construção do templo de Salomão. Acrescentamos então 480 anos (1 Reis 6:1) para obter a data do Êxodo. Acrescentar a esses 430 anos (Êxodo 12:40) para obter a data em que Israel desceu ao Egito. Adicionar 130 anos (Gênesis 47:9) para a data de nascimento de Jacó. Acrescentar 60 anos (Gênesis 25:26) para obter a data de nascimento de Isaque. Adicione 100 anos (Gênesis 21:5) para obter a data de nascimento de Abraão. Subtrair 75 anos (Gênesis 12:4) para obter a data da chamada de Abraão.

Pessoas Principais

O Período de Peregrinação empresta esta designação das vidas de três indivíduos cujas jornadas entrando e saindo da terra de Canaã são cheias de lições espirituais para os cristãos em sua peregrinação pelo mundo. Esses três peregrinos são:

- **Abraão**
- **Isaque**
- **Jacó**

Peregrino Nº 1:

Abrão/**Abraão** era um comerciante abastado que Deus chamou para que deixasse seu país e se mudasse para uma terra que Deus lhe mostraria. Aqui vão alguns fatos básicos sobre esse grande homem da fé.

- **Esposa:** Sarai/Sara (1 Pedro 3:6)
- **Concubina:** Hagar
- **Filhos:** Isaque e Ismael
- **Momento marcante:** O "sacrifício" de Isaque (Gênesis 22)
- **Título especial:** Amigo de Deus (Tiago 2:23)
- **Significância:** A aliança de Deus (veremos adiante).

Abraão não era um homem perfeito. Houve vezes em que ele duvidou de Deus e deixou a Terra Prometida. Toda vez que fez isso, ele caiu em pecado. Quando ele ficou impaciente com a promessa de Deus de ter um filho, ele tentou "ajudar" Deus ao tomar a serva egípcia de Sara como sua concubina (esposa secundária). Ele aprendeu do jeito mais difícil que a fé é viver sem tentar manipular as situações.

Repare que Abraão teve dois filhos de nome "I.": O "Pequeno I." = **Ismael** (com Hagar) e o "Grande I." = **Isaque** (com Sara). Ismael é o ancestral de todos os povos árabes, enquanto os judeus traçam a sua linhagem até Isaque. Leia o que Paulo disse no Novo Testamento sobre esses dois filhos (Gálatas 4:21–31).

Peregrino Nº 2

Os detalhes sobre a vida de **Isaque**, o filho da promessa, são bem poucos. A vida dele encontra-se emaranhada com as vidas de seu pai ou seus filhos na maioria das narrativas. Aqui estão alguns pontos importantes a serem lembrados sobre Isaque:

- **Esposa:** Rebeca
- **Filhos gêmeos:** Esaú e Jacó (Hebreus 12:16)
- **Momento marcante:** Abençoa a Jacó (Hebreus 11:20)

Peregrino Nº 3

Por mais da metade da sua vida, Jacó foi um trapaceiro, um mentiroso, um enganador. E mesmo assim, Deus viu nele potencial para se tornar um líder espiritual. Deus se revelou para Jacó num sonho em Betel. Embora Jacó fosse absolutamente indigno até então, Deus transferiu a ele as bênçãos que havia prometido ao seu avô e ao seu pai, a Abraão e a Isaque. Certa vez Jesus conversou com uma mulher numa localidade que tinha a ver com Jacó. Leia João 4:5–6. Aqui vão fatos importantes sobre Jacó.

- **Esposas:** Lia e Raquel — irmãs.
- **Filhos:** Doze — ancestrais das tribos de Israel.
- **Momento marcante:** Conduziu a família de volta a Betel. (Gênesis 35)
- **Título especial:** Israel

Grandes Eventos

Você deve se recordar que um chamado vindo de Deus e uma grande jornada de fé marcaram o início do Período da Peregrinação. As vidas de Isaque e Jacó também foram caracterizadas por jornadas, embora não tão dramáticas quanto a de Abraão. A fé destes homens era testada em cada lugar em que acampavam. Às vezes a fé deles foi fraca. Muitas vezes, eles não viveram da forma como homens santos deveriam viver. Com frequência, eles caíram em dúvida e pecado.

Além das jornadas, cinco outros grandes eventos se passaram durante o Período da Peregrinação. São eles:

- **Um juízo**
- **Um nascimento**
- **Um teste**
- **Um casamento**
- **Uma luta**

Juízo (Gênesis 19). Por causa de alguns problemas familiares, um dos parentes de Abraão, Ló, foi morar na cidade malvada de Sodoma. A cidade era tão imoral que Deus decidiu destruí-la. Por causa de Abraão, porém, Deus decidiu poupar Ló. Anjos fora enviados para Sodoma para avisar a Ló para fugir. Ló e suas duas filhas escaparam bem na hora, mas sua esposa olhou para trás enquanto fugiam. Ela foi transformada numa estátua de sal. Deus fez chover fogo e enxofre sobre **Sodoma** e três cidades vizinhas. A destruição dessas cidades imorais serviria de aviso a outras cidades ao longo das eras. Leia o que o Novo Testamento tem a dizer sobre este grande juízo: Lucas 17:29; 2 Pedro 2:6; Judas 1:7.

Nascimento (Gênesis 21). Quando Abraão entrou na terra de Canaã, ele tinha 75 anos de idade. E por mais vinte e cinco anos, Sara continuou estéril. O casal já passara da idade de ter filhos quando Deus lhes informou que, dentro daquele ano, um filho muito especial iria nascer. Quando Abraão tinha 100 anos de idade e Sara tinha 90, o filho da promessa nasceu. Seu nome era Isaque. Leia o que o Novo Testamento tem a dizer sobre este evento em Hebreus 11:11–12.

Teste (Gênesis 22). Cerca de vinte anos se passaram em silêncio. Deus ordenou que Abraão tomasse seu filho e o oferecesse como uma oferta queimada. As religiões pagãs daquela época praticavam sacrifícios humanos. Este era um teste para ajudar Abraão a demonstrar sua fé e assim crescer em seu comprometimento com Deus. Abraão e Isaque viajaram até a terra de Moriá, nos arredores do que mais tarde se tornaria a cidade de Jerusalém. Isaque perguntou ao seu pai, enquanto eles subiam a encosta do monte, o que eles iriam oferecer como sacrifício. Abraão respondeu: "Deus proverá" (Gênesis 22:8, NAA).

Abraão estava pronto para cumprir o mandamento divino até o fim. No último minuto, uma voz do céu mostrou a Abraão um carneiro preso num arbusto próximo. O carneiro serviu como substituto para Isaque. Abraão passou no teste. Leia o que o Novo Testamento tem a dizer sobre este incidente em Hebreus 11:17–19.

Casamento (Gênesis 24). Conforme Isaque crescia e se tornava um homem, Abraão preocupou-se em encontrar uma esposa piedosa para seu filho. Ele enviou um servo com camelos carregados de riquezas para a cidade de Harã, na região noroeste da Mesopotâmia — era a cidade onde Abraão tinha residido por algum tempo. Alguns dos parentes de Abraão que partilhavam da sua fé no Deus Vivo ainda residiam lá. O servo pediu a Deus que o guiasse no processo de seleção. A moça que Deus escolhera para ser a noiva de Isaque seria aquela que oferecesse água para os seus camelos. A oração mal tinha sido pronunciada quando Rebeca aproximou-se do estranho e fez exatamente isso. O servo contou à moça e à família dela a sua história. Eles interpretaram o tinha acontecido junto ao poço como um sinal que Rebeca deveria partir com o servo, para viajar várias centenas de quilômetros até Canaã e casar-se com um homem que ela jamais vira. Todas as partes envolvidas neste casamento estavam fazendo um exercício de muita fé. Era importante que Isaque, o filho prometido, se casasse somente com uma mulher de fé.

Luta (Gênesis 32:22–32). Por vinte anos Jacó residiu em Harã com seu tio Labão. Não há muito de elogiável para se dizer sobre Jacó nesta época. Ele era um homem inescrupuloso e mundano. Afinal, Deus mandou que ele retornasse à Terra Prometida.

No retorno para Canaã com sua família, Jacó enfrentou vários perigos. Numa noite, quando estava sozinho perto do rio Jaboque, Jacó viu a sombra de uma pessoa. Ele pensou que fosse Esaú ou um dos agentes dele. Jacó lutou com o "homem" a noite toda. Quando estava para amanhecer, o "homem" tocou a coxa de Jacó. Jacó ficou severamente machucado. Foi então que ele soube que não estava lutando com um homem comum. Naquele momento Jacó começou a orar e implorar por uma bênção. Acontece que a tal "sombra de uma pessoa" era na verdade uma manifestação de Deus. Naquela noite, Deus mudou o nome de Jacó para *Israel*, que significa *aquele que luta com Deus*.

A noite de luta de Jacó com Deus foi um ponto de virada em sua vida. Ele não se tornou um homem perfeito depois disso, mas com certeza se tornou um homem mais espiritual. Portanto, a história de Jacó é a história de transformação de salafrário em santo. Depois da luta junto ao rio Jaboque, Jacó veio a se tornar o cabeça espiritual de sua família.

Grandes Milagres

No Período da Peregrinação, a concepção e o nascimento de Isaque foram um milagre (Hebreus 11:11–12). A destruição de Sodoma com fogo e enxofre do céu também foi um milagre (Gênesis 19).

A Mensagem de Deus

Já falamos das grandes promessas que Deus comunicou umas nove vezes a Abraão, Isaque e Jacó. Os estudiosos se referem a essa coleção de promessas como a aliança abraâmica. Além destas promessas, Deus também deu a Abraão e seus descendentes cinco revelações importantes durante o Período da Peregrinação.

- **O encontro com Melquisedeque**
- **O sinal da circuncisão**
- **O "sacrifício" de Isaque**
- **A visão de uma escada por Jacó**
- **Os nomes de Deus são revelados**

O encontro com Melquisedeque (Gênesis 14). Depois da vitória numa batalha contra invasores estrangeiros, Abraão encontrou-se com o sacerdote-rei de Jerusalém. Ele não era israelita, mas ficava claro que ele tinha devoção pelo Deus único e verdadeiro. Melquisedeque é tido pelos escritores do Novo Testamento como um precursor tipológico do Cristo que haveria de vir. Leia Hebreus 7:1–10.

O sinal da circuncisão (Gênesis 17). Quando Abraão tinha 99 anos de idade, Deus apareceu a ele e o instruiu a circuncidar todos do sexo masculino em seu lar. Dali em diante, tal ritual deveria ser feito em todos do sexo masculino, no oitavo dia após o nascimento. A circuncisão era o sinal característico de todos aqueles que eram parte da família especial através da qual Deus escolhera trabalhar antes da vinda de Cristo.

O "sacrifício" de Isaque (Gênesis 22). O teste de Abraão na terra de Moriá já foi citado como um dos maiores eventos no Período da Peregrinação. Naquela ocasião Deus tornou claro o princípio da substituição. Deus não queria sacrifícios humanos. O salário do pecado é a morte. Ou o pecador tem que morrer, ou tem que haver outra morte em seu lugar. Nenhuma pessoa com pecado pode morrer pelos pecados de outra. É por isso que Deus permitiu que um animal inocente fosse sacrificado como substituto de uma pessoa culpada. Embora Deus não requeira ou peça sacrifícios humanos, ele espera um comprometimento total e obediência absoluta daqueles que o adoram. Esta é a revelação ligada ao "sacrifício" de Isaque.

A escada de Jacó (Gênesis 28). Quando fugia de seu irmão Esaú, Jacó passou uma noite em Luz (que depois seria a cidade de Betel). Naquela noite, enquanto dormia, Jacó teve uma visão de uma escada que se estendia do céu até a terra. Ele viu anjos que subiam e desciam essa escada. A escada simbolizava a conexão que ligava Deus e homem. Os anjos levavam as orações de Jacó até o céu; e também executavam as ordens de Deus em resposta a essas petições. Jesus viu naquela escada uma prefiguração de si mesmo (João 1:51). Para os cristãos, Jesus é a conexão que liga até o céu. Nós oramos através dele; e através dele, Deus responde às nossas orações.

Nomes revelados Às vezes damos apelidos para descrever algo acerca de um indivíduo ou animal de estimação. Esguio, Fofinho, Urso e Manão são todos nomes que comunicam algo sobre como esse outro é. No Período da Peregrinação, Deus tomou nomes para si mesmo, ou, nomes lhe foram atribuídos que comunicam algo sobre sua natureza divina. Aqui estão alguns dos nomes de Deus revelados no Período da Peregrinação. *El Shaddai* = Deus Todo-poderoso (Gênesis 35:11); *El Elyon* = Deus Altíssimo (Gênesis 14:18); *El Roi* = o Deus que vê (Gênesis 16:13); *Yahweh Yireh* = O Senhor Proverá (Gênesis 22:14); *Temor de Isaque* (Gênesis 31:42); *Pastor* (Gênesis 48:15).

Aplicação Cristã

O Novo Testamento alude ao Período da Peregrinação numerosas vezes. Há uma passagem, no entanto, que captura a essência deste período e mostra como ele se liga à peregrinação do cristão. "Pois ele [Abraão] esperava a cidade que tem alicerces, cujo arquiteto e edificador é Deus" (Hebreus 11:10).

Abraão viajou bastante montado em burros e camelos. Nós andamos de carro e voamos de avião. Abraão desfrutou da beleza de caminhar com o Senhor durante sua vida. Mesmo assim, ele sabia que algo melhor viria à frente. Assim, os cristão têm preciosa comunhão com Deus, aqui e agora. Como Abraão, no entanto, fitamos nossos olhos na cidade cujo criador e construtor é Deus. Dois mil anos antes de Cristo, pessoas espirituais estavam buscando a mesma coisa que pessoas espirituais ainda buscam dois mil anos depois de Cristo.

Evento Divisor de Águas (Gênesis 42—46)

O evento que conclui o Período da Peregrinação pode ser chamado de *Êisodo* — *a entrada*. Ao redor do ano 1877 a.C., Jacó enviou seus filhos ao Egito porque uma grande fome fez que os suprimentos de comida se tornassem escassos na terra de Canaã. José, o sétimo filho de Jacó, foi vendido como seu escravo por seus próprios irmãos, quando tinha 17 anos (Gênesis 37). Ao longo dos próximos treze anos, a vida de José foi um vaivém, uma sequência de pontos altos e baixos. Até que afinal ele veio a ser o Primeiro Ministro do Egito. Estando em tal posição, ele pôde orquestrar a migração de sua família para a mui favorável localidade egípcia da terra de Gósen. A família de Jacó compunha-se de setenta pessoas nesta época (Gênesis 46:27). Esta migração para o Egito marcou o fim do Período da Peregrinação.

Quadro Resumido

C H A M A D O	Período Nº 3 **Período da Peregrinação** Gênesis 12–46		Ê I S O D O
	Pessoas Principais Abraão Isaque Jacó	**Grandes Eventos** Um julgamento Um nascimento Um teste Um casamento Uma luta	
2092 a.C.	**Duração** Pelo menos 427 anos		1877 a.C.

Capítulo Quatro

Período Egípcio
De Escravos a Nação

O quarto período da história bíblica é chamado de Período Egípcio porque os eventos se passam no Egito, ao sul de Canaã. Você pode ler sobre o Período Egípcio nos capítulos finais de Gênesis (**Gênesis 47—50**) e nos capítulos iniciais de Êxodo (**Êxodo 1—15**). Ao todo, dezenove capítulos são dedicados ao Período Egípcio.

Duração

O Período Egípcio começa com o *Êisodo* — a entrada no Egito — em 1877 a.C. Foi então que a família de Jacó, composta de setenta almas, desceu até o Egito para escapar das condições de fome em Canaã. O Período Egípcio termina com o **Êxodo** — a saída do Egito — em 1447 a.C. Se você tiver interesse em saber como estas datas podem ser derivadas das informações bíblicas, confira a nota da página 32.

As Escrituras indicam com exatidão qual foi a duração do Período Egípcio: "O período que os israelitas viveram no Egito foi de **430 anos**" (Êxodo 12:40).

Tema Escriturístico

"De fato tenho visto a opressão sobre o meu povo no Egito. Ouvi seus gemidos e desci para livrá-lo. Venha agora, e eu o enviarei de volta ao Egito" (Atos 7:34).

A libertação da escravidão é o tema do Período Egípcio. Isto não significa, no entanto, que Israel esteve em escravidão durante todos os 430 anos deste período. Durante os primeiros 70 anos deste período, José foi primeiro ministro do Egito. Os israelitas eram um povo favorecido. Em algum momento posterior, no entanto, uma nova dinastia ascendeu e mudou o tratamento para com os israelitas. Os israelitas foram submetidos à desonra e ao sofrimento da escravidão. A duração precisa dessa condição de escravos não pode ser determinada a partir das Escrituras.

Pessoas Principais

Há apenas dois grandes personagens no Período Egípcio: **José** aparece bem no seu começo, e **Moisés** aparece até o final destes 430 anos.

José foi vendido como escravo aos egípcios quando tinha 17 anos. Ele tinha 30 anos idade quando o então Faraó fez dele Primeiro Ministro do Egito. José havia passado a maior parte dos treze anos anteriores na prisão. Ele desenvolveu um sistema de tributação que estocou reservas enormes de trigo durante os sete anos de fartura. Quando a época de escassez e fome chegou, José permitiu ao povo comprar o trigo de volta, até que eles não tivessem mais dinheiro. Neste ponto, eles tiveram que entregar sua propriedade privada a Faraó, e depois venderem a si mesmos como escravos para o governo, para que pudessem receber trigo. Foi assim que Faraó, com a liderança de José, teve seus poder e liderança consolidados. José permaneceu na posição de Primeiro Ministro até a sua morte, aos 110 anos de idade.

Moisés nasceu ao redor do ano 1527 a.C., numa época em que os israelitas estavam sendo perseguidos pelos egípcios. Ele provavelmente teria sido morto ainda bebê se não fosse pela coragem e fé de seus pais (Hebreus 11:23). O bebê foi mantido em casa por algum tempo. Quando isso se tornou inseguro, sua mãe armou um plano que faria com que ele fosse "descoberto" pela filha de Faraó. E ela, por sua vez, amou o bebê. Miriã, a irmã de Moisés, atuou como uma espécie de intermediária, e fez com que a mãe cuidasse do bebê até que ele fosse desmamado. Depois, o pequeno Moisés foi viver no palácio com a filha de Faraó.

Durante quarenta anos, Moisés recebeu educação egípcia (Atos 7:22). De acordo com fontes extrabíblicas, ele recebera um posto militar elevado. Diz-se que ele liderou ao menos uma campanha militar na Etiópia. Aos seus 40 anos, Moisés renunciou ao Egito (Hebreus 11:24–28). Ele tentou oferecer seus serviços aos escravos israelitas. Os israelitas suspeitaram das suas intenções e o rejeitaram. Moisés saiu do Egito e foi viver no deserto (Atos 7:23–29).

Por quarenta anos, Moisés trabalhou para seu sogro criando ovelhas. Até que um dia ele viu um arbusto em chamas, uma sarça ardente. Deus o chamou do meio da sarça. Ele instruiu Moisés a retornar ao Egito, para liderar e libertar os filhos de Israel da escravidão (Êxodo 2:11–25).

Assim, aos 80 anos de idade, Moisés retornava ao Egito. Ele desencadeou o poder de Deus contra o Egito. Os egípcios foram forçados a libertar os israelitas.

Moisés é mencionado oitenta e cinco vezes no Novo Testamento. Encontramos um bom resumo da sua vida em Atos 7:27–36 e um maravilhoso comentário sobre sua fé em Hebreus 11:23–29.

Grandes Eventos

Três grandes eventos são destacados no Período Egípcio:

- **A preservação do povo de Deus**
- **A perseguição de Israel**
- **As pragas contra o Egito**

Preservação. Como Primeiro Ministro do Egito, José tomou medidas para que sua família fosse preservada durante a época da fome. Ele cuidou para que eles recebessem comida adequadamente. Ele assentou sua família na região conhecida como Gósen, longe dos principais centros culturais egípcios. Ele não queria que sua família fosse influenciada indevidamente pelas imoralidade e idolatria do povo egípcio.

Perseguição. Enquanto José era vivo, as coisas foram bem para os israelitas no Egito. Mas mais tarde, uma nova linhagem de Faraós ascendeu, sem gratidão alguma por José e seu povo. Conforme os israelitas continuavam a crescer, os egípcios se sentiram ameaçados. Eles pensaram que os israelitas poderiam ajudar invasores estrangeiros que quisessem derrubar o Egito. Então, o governo fez os israelitas construírem cidades à força (Êxodo 1:11). Mesmo assim, Israel continuava a multiplicar-se. E o governo, finalmente, decidiu recorrer ao controle de natalidade. Todo menino israelita deveria ser morto assim que nascesse.

Pragas. Quando Faraó recusou-se a aceitar as reivindicações da libertação de Israel, Deus desencadeou contra os egípicios uma série de desastres devastadores. Estes dez desastres são chamados de as dez pragas. As pragas se estenderam por um total de aproximadamente nove meses. Veremos mais em *Grande Milagres*, a seguir.

Grandes Milagres

Dez pragas manifestaram o grande poder de Deus na terra do Egito. Os dois primeiros desastres contra o Egito foram pragas sobre o rio Nilo. As águas do Egito se tornaram vermelhas, da cor de sangue. Rãs proliferaram vindas dessas águas. Elas infestaram toda a região. A terceira e a quarta pragas foram muito aborrecedoras. Piolhos e moscas infernizaram o dia-a-dia dos egípcios. Os quinto e sexto desastres eram ligados a doenças. O gado egípcio morreu em massa. E furúnculos irrompiam nas pessoas. Os sétimo e oitavo desastres afetaram as posses dos egípcios. O granizo acabou com suas plantações. E gafanhotos devoraram o que quer que ainda tivesse restado nos campos. A nona e a décima foram associadas com a morte. Houve uma escuridão tão espessa que se estendeu por todo o país. Finalmente, Deus atingiu os primogênitos de todos os egípcios. Agora, eram eles que queriam que os israelitas fossem embora de vez.

A Mensagem de Deus

Três grandes revelações vieram durante o Período Egípcio:

- **Predições no leito de morte**
- **Relevações da sarça ardente**
- **Instruções acerca da Páscoa**

Predições no leito de morte *(Gênesis 49).* Os patriarcas bíblicos eram também profetas. Quando a hora de sua morte se aproximava, eles fizeram profecias sobre o destino de seus filhos. Jacó tinha algumas coisas a dizer sobre cada um de seus doze filhos. Na verdade, ele "rebaixou" seus três filhos mais velhos por causa de atos que eles fizeram ao longo dos anos. O efeito disto foi que Judá, o quarto filho, passou a ser o primeiro entre os irmãos. Jacó previu que os descendentes de Judá continuariam nesta posição de liderança "até que venha Siló" (Gênesis 49:10, NAA). (A tradução no texto da NVI não é das melhores nesta passagem.) Muitos estudiosos pensam que *Siló* (*"Aquele que traz descanso"*) é o primeiro nome próprio dado a Cristo no Antigo Testamento. Jesus certa vez disse: "Venham a mim todos vocês que estão cansados e sobrecarregados, e eu os aliviarei" (Mateus 11:28, NAA).

Relevações da sarça ardente (Êxodo 3—4). Do meio do arbusto em chamas, Deus teve uma conversa com Moisés onde lhe revelou várias coisas sobre si. Primeiro, o Senhor identificou a si mesmo como "o Deus de Abraão, o Deus de Isaque, o Deus de Jacó" (Êxodo 3:6). Segundo, Deus revelou sua compaixão. Ele sabia da miséria em que seu povo estava no Egito (Êxodo 3:7, 9). Terceiro, Deus revelou seus intentos. Ele havia planejado libertar seu povo da escravidão e dar-lhes uma terra que mana leite e mel (Êxodo 3:8). Quarto, Deus revelou sua escolha. Ele escolhera Moisés para ser o agente por meio de quem Deus traria a libertação (Êxodo 3:10). Quinto, Deus revelou seu nome: Eu Sou (Êxodo 3:14). Deus é o Eterno. *Yahweh*, o nome especial de Deus, significa *Aquele Que É.* Muitas traduções geralmente seguem a prática habitual judaica de substituir as mais de 6.500 ocorrências deste nome especial no

Antigo Testamento com o título SENHOR ou ETERNO (em letras maiúsculas ou versalete). Sexto, Deus revelou o seu poder. A vara de Moisés foi transformada numa serpente, e depois num cajado de novo. Sua mão ficou leprosa, e depois ficou sã de novo (Êxodo 4:1-7). Moisés é a primeira pessoa na Bíblia a quem Deus deu poderes para fazer milagres, que eram sinais de ele havia estado com Deus.

A Páscoa é revelada (Êxodo 12). Antes do golpe derradeiro sobre o Egito (a morte dos primogênitos), Moisés deveria instituir uma festa memorial. Ao longo de todas as gerações futuras, essa festa deveria ser observada no dia 15 do primeiro mês do ano. Cada família deveria comer um cordeiro assado, com ervas amargas e pão sem fermento. Estes itens serviram para lembrar aos israelitas de como Deus lhes trouxe libertação da escravidão no Egito. Naquela Páscoa, o SENHOR passou diante das casas onde ele viu o sangue do cordeiro pintando a ombreira das portas. A salvação veio por meio do sangue do cordeiro sacrificado.

Paulo declarou que Cristo é o Cordeiro do cristão. (1 Coríntios 5:7). Ele é o Cordeiro de Deus que tira o pecado do mundo (João 1:29). Ele torna possível nossa libertação da escravidão de Satanás. Foi numa refeição de Páscoa que Jesus tomou o copo de suco e o pão sem fermento e deu a eles um novo significado para seus seguidores (1 Coríntios 11:23-26).

Aplicação Cristã

O Novo Testamento enxerga verdades espirituais ilustradas na travessia do Mar Vermelho. "Porque não quero, irmãos, que vocês ignorem o fato de que todos os nossos antepassados estiveram sob a nuvem e todos passaram pelo mar. Em Moisés, todos eles foram batizados na nuvem e no mar." (1 Coríntios 10:1-4). Para Paulo, o batismo é como a travessia do Mar Vermelho. Os israelitas foram batizados (imergidos) conforme saíam do Egito. Só pela travessia do mar é que eles poderiam ser libertos da escravidão. Assim também o crente obedece o evangelho no batismo. Ele passa pelas águas do batismo a fim de experimentar uma nova relação com o Senhor.

Evento Divisor de Águas (Êxodo 14—15)

Aproximadamente 600 mil homens israelitas (Êxodo 12:37) saíram do Egito na noite da Páscoa original. Eles marcharam para fora do Egito como um exército, agrupados em divisões (Êxodo 12:41). Os egípcios estavam tão acometidos pelo lamento que ficaram felizes em ver os israelitas finalmente indo embora. As Escrituras fazem questão de mencionar que os israelitas saíram do Egito no 430º aniversário da entrada de Jacó naquela terra (Êxodo 12:40).

A rota escolhida por Israel, marchando pela costa leste do Egito, fez com que Faraó pensasse que conseguiria subjugar os israelitas e fazê-los retornar à força para o Egito. Faraó perseguiu Israel com seiscentas carruagens (Êxodo 14:13–17). Os israelitas estariam encurralados. O Mar Vermelho a leste, uma cadeia de montanhas ao sul. E Faraó prestes a chegar vindo pelo noroeste. O povo viu o perigo. Eles clamaram contra Moisés. Até mesmo o grande Moisés não sabia bem o que fazer. Os israelitas estavam encurralados.

Deus mandou Moisés estender sua vara sobre o mar. Deus abriu um caminho para o seu povo em meio às águas. Uma nuvem escura trouxe trevas para os egípcios durante a noite, mas luz para os israelitas. Conforme eles caminhavam pelo leito do mar até a terra, havia um paredão de água em cada lado (Êxodo 14:29).

Quando as trevas foram retiradas, os egípcios tentaram perseguir os israelitas mar adentro. Quando o último israelita alcançou a praia do outro lado em segurança, as águas desmoronaram de volta. A força de cavalaria de elite de Faraó foi varrida. A vitória foi celebrada numa canção composta por Moisés. Miriã, a irmã, conduziu as mulheres a cantar (Êxodo 15:1–18).

O Período Egípcio termina com esta dramática **travessia do Mar Vermelho** ao redor do ano 1447 a.C.

Quadro Resumido

Ê	Período Nº 4 **Período da Egípcio** Gênesis 47 — Êxodo 15		Ê
I			X
S	**Pessoas Principais**	**Grandes Eventos**	O
O	José	Preservação	
D	Moisés	Perseguição	D
O		Pragas	O
1877 a.C.	**Duração** 430 anos		**1447 a.C.**

Hora da Revisão

1. Você se lembra dos quatro primeiro períodos da história bíblica? Quem sabe uma frase mnemônica ajude a estimular sua memória:

Primeiro **Dis**pense os **Per**egrinos **Egípcio**s

2. Em qual período você situaria...
   a. Caim e Abel
   b. José e Moisés
   c. Noé e Sem
   d. Ninrode e Jafé
   e. Enoque e Noé

3. Em qual período estaríamos ao ler...
   a. Gênesis 3
   b. Êxodo 15
   c. Gênesis 49
   d. Gênesis 15

4. Que evento divisor de águas aconteceu entre...
   a. Os períodos dos Primórdios e da Dispersão
   b. Os períodos da Dispersão e da Peregrinação
   c. Os períodos da Peregrinação e o Egípcio

CAPÍTULO CINCO

PERÍODO NO DESERTO
ISRAEL TORNA-SE UMA NAÇÃO

Depois da travessia do Mar Vermelho, os israelitas atravessaram lugares ermos. Na Bíblia, um lugar ermo não é necessariamente um deserto de areia. É apenas uma região relativamente desabitada. Os israelitas estavam numa área que hoje é conhecida como a Península do Sinai. Nos tempos de Moisés, as montanhas na Península do Sinai eram usadas pelos egípcios para atividades de mineração. Pequenas tribos na região migravam de um oásis para o outro.

As fontes bíblicas para o chamado Período no Deserto são: (1) **Êxodo 16—40**, (2) **Levítico**, (3) **Números** e (4) **Deuteronômio**. Temos portanto um total de 122 capítulos (cerca de 13% de todo o Antigo Testamento) que discutem ou se derivam do Período no Deserto. Tal quantidade de textos bíblicos indica a importância deste período da história bíblica.

Duração

O Período no Deserto é um dos mais curtos na Bíblia. Ele começa com a travessia do Mar Vermelho ao redor do ano 1447 a.C. E se estende até a travessia do Rio Jordão, ao redor do ano 1407 a.C. Portanto, este período durou **40 anos**.

Israel levou quarenta e cinco dias para chegar até o Monte Sinai depois da saída do Egito. Moisés esteve na montanha por oitenta dias, a receber um código de leis diretamente de Deus. Israel residiu na planície sob a montanha por mais nove meses. Daí, os israelitas levantaram acampamento. Eles viajaram lentamente até Cades, um ponto de entrada para Canaã. Esta jornada levou onze meses. Então, por causa de sua falta de fé, Deus condenou a nação a vagar pelos ermos desérticos por mais trinta e oito anos. Finalmente, no 40º ano depois da saída do Egito, Israel saiu do deserto para conquistar a terra a leste do Rio Jordão.

Assim como com o Período Egípcio, a maior parte do que sabemos sobre o Período no Deserto aconteceu ou no começo ou no final — dentro dos dois anos iniciais ou dos dois anos finais, de um total de 42 anos. Os anos intermediários são basicamente um vazio.

Tema Escriturístico

"[Deus] suportou os maus costumes do povo durante uns quarenta anos no deserto" (Atos 13:18, NAA). A frase *marchando e murmurando* descreve o que estava a acontecendo durante o Período no Deserto. Em nenhum outro lugar na Bíblia a paciência de Deus fica tão visível. Vez após outra, Deus suportou reclamações, críticas e até mesmo rebeldia da parte daqueles escravos recém-libertos.

Pessoas Principais

As grandes estrelas do Período no Deserto são **Moisés**, seu irmão **Arão** e a irmã **Miriã**.

Moisés. Nós já vimos os primeiros oitenta anos da vida de Moisés no Período Egípcio. Nos últimos quarenta anos de sua vida, Moisés tornou-se a figura mais influente da história do Antigo Testamento. Através de Moisés, Deus revelou sua Lei no Monte Sinai. Através de Moisés, Deus realizou milagres para o seu povo em toda a jornada deles. Moisés ensinou ao povo os caminhos de Deus. E também os repreendeu quando necessário. Ele os encorajou quando eles estavam abatidos. Moisés organizou esse grupelho de escravos numa nação de verdade.

Mas apesar de ter sido grande, Moisés também teve suas falhas na vida. Ele muitas vezes ficou desgostoso com as reclamações constantes do povo e os ataques pessoais feitos a ele. Numa ocasião, Deus mandou-o falar a uma rocha. Ao invés disso, Moisés golpeou a rocha. Água brotou dela. Moisés tinha agido como se ele tivesse feito um milagre com sua própria força. Por causa deste pecado, Deus disse a Moisés que não lhe permitiria entrar na Terra Prometida de Canaã com o seu povo.

Arão. Arão, o irmão de Moisés, falhou no primeiro teste de sua liderança. Enquanto Moisés estava na montanha recebendo a Lei de Deus, Arão ajudava o povo a fazer um ídolo — um bezerro de ouro — para representar o Deus invisível. Apesar desta falha, mesmo assim Deus nomeou Arão como o primeiro sumo sacerdote da nação. Mais do que isso, Deus decretou que todos os futuros sumo sacerdotes teriam que ser descendentes de Arão. Como sumo sacerdote, Arão oficiava todos os dias sagrados da religião. Um de seus momentos mais memoráveis foi quando, numa ocasião, uma praga de juízo varria o acampamento. As pessoas à direita e à esquerda no caminho da praga iam morrendo. Arão tomou o seu incensário — um recipiente de metal no qual o incenso era queimado. Ele se posicionou bem no caminho da praga, arriscando sua própria vida, para oferecer o incenso de oração diante do SENHOR pelo seu povo. (Números 16).

Miriã. O nome de Miriã figura como um dos três grandes líderes de Israel neste período (Miqueias 6:4). Ela parece ter sido uma líder entre as mulheres de Israel. Um de seus momentos mais memoráveis foi quando Israel atravessou o Mar Vermelho. Miriã liderou as mulheres a cantar naquela ocasião. Um dos seus piores dias foi quando ela foi tomada por sua inveja da influência da esposa de Moisés. Miriã persuadiu Arão a unir-se a ela para desafiar a liderança de Moisés. Deus repreendeu a Miriã, atingindo-a com a doença da lepra. Moisés orou pela sua restauração. Mesmo assim, a ordem de Deus foi que Miriã precisaria ficar fora do acampamento com as outras pessoas impuras, por sete dias. Assim, a marcha teve que parar por uma semana por causa dessa dissensão entre os próprios líderes do povo (Números 12).

Grandes Eventos

Há tantos grandes eventos no Período no Deserto que é difícil decidir quais deixar de fora. Talvez a melhor abordagem seja agrupá-los por categoria.

Rebeliões. Em várias ocasiões, os israelitas estiveram a ponto de apedrejar Moisés, designar um novo líder e voltar para o Egito. Houve, no entanto, três rebeliões durante este período que são particularmente dignas de nota. Elas aconteceram: no Monte Sinai; em Cades (ou Cades-Barneia); e nas Planícies de Moabe — vistas de outra forma, elas acontecem no início, no meio e no final do período.

Primeiro, no Monte Sinai, enquanto Moisés recebia instruções sobre o Tabernáculo, o povo insistia que Arão lhes fizesse um deus visível para ir adiante deles. Mesmo tendo as palavras dos Dez Mandamentos ecoando nos ouvidos (Não farás para ti imagem de escultura!), o povo fundiu um bezerro de ouro. Daí, participaram de um orgia louca como parte da adoração a este ídolo (Êxodo 32).

Segundo, enquanto acampavam em Cades, Corá e Dotã organizaram um ataque em duas frentes: contra a liderança política de Moisés e contra a liderança sacerdotal de Arão. Os rebeldes foram executados por Deus, uns atingidos por raios vindos do céu, e os restantes engolidos num terremoto (Números 16).

Terceiro, nas Planícies de Moabe, pouco antes da morte de Moisés, houve outra séria rebelião contra Deus. Os homens de Israel haviam sido enredados em festivais pagãos em honra do deus da fertilidade Baal. Os líderes desta rebelião foram executados e enforcados; uma praga atingiu milhares do povo (Números 25).

Batalhas. Há um número grande de batalhas que aconteceram no Período no Deserto. Nas proximidades do Monte Sinai, os desgarrados da marcha israelita foram atacados por uma tribo do deserto, os amalequitas. Josué e seus guerreiros conseguiram conter esse perigo. Durante a batalha, eles ganhavam novo ânimo ao ver Moisés com a vara de Deus erguida acima de sua cabeça (Êxodo 17).

Depois de deixar o deserto, Israel lutou duas grandes campanhas contra reis que tentavam parar sua marcha. Ambos foram facilmente derrotados (Números 21).

Momentos antes de sua morte, Moisés ordenou que 12 mil homens lutassem uma guerra santa contra os midianitas que tentaram derrotar Israel com mágica e cultos imorais. Nenhum soldado israelita foi perdido na batalha (Números 31).

Construção. Enquanto estavam junto ao Monte Sinai, os israelitas empreenderam um grande projeto de construção. O objetivo era construir um santuário portátil que eles pudessem levar consigo em suas viagens. Este santuário é chamado o Tabernáculo. O Tabernáculo consistia numa tenda com dois compartimentos, cercada por um grande pátio. A adoração pública era conduzida apenas no Tabernáculo (Êxodo 25—40).

Censos. Moisés realizou um censo no Monte Sinai a fim de organizar os homens de Israel num exército (Números 1). Outro censo foi realizado ao final dos quarenta anos da jornada (Números 26). A força militar em número total de homens era essencialmente a mesma; mas os números individuais para cada tribo eram bem diferentes.

Morte. A morte de Moisés deve ser listada como um dos maiores eventos do Período no Deserto. Moisés foi informado que era sua hora de morrer. Ele subiu ao topo do Monte Nebo e pôde ver a Terra Prometida à distância. E então, morreu. Aconteceu uma coisa bem interessante depois da sua morte em Deuteronômio 34; você pode ler sobre este ocorrido em Judas 9.

Grandes Milagres

O Período no Deserto foi caracterizado por milagres, literalmente todo dia. Todos os dias, Deus providenciava o **maná** — uma comida especial — do céu. Esta provisão continuou até que os israelitas estivessem na Terra Prometida, onde as colheitas eram abundantes. Por duas vezes Deus fez sair **água de uma rocha**. Por duas vezes

Deus enviou **codornizes** ao acampamento em quantidades incríveis, para que as pessoas pudessem comer carne. Quando pessoas foram mordidas por cobras venenosas, um **símbolo de uma serpente** foi erguido no acampamento. Quando as pessoas mordidas olhavam com fé para a serpente erguida, eram curadas. Jesus usou este incidente para ensinar sobre a sua crucifixão (João 3:14).

A Mensagem de Deus

Houve muita coisa em termos de revelação durante o Período no Deserto. É possível identificar quatro áreas que se qualificam como as mais importantes.

1. **A Lei de Deus**
2. **O sistema de adoração**
3. **As profecias de Balaão**
4. **As predições de Moisés**

A Lei de Deus. Segundo a contagem de rabinos judeus, há 613 mandamentos na Lei de Moisés, dos quais 365 são negativos, e os restantes são positivos. Estes mandamentos incluem leis criminais, leis de adoração, leis civis e leis especiais — especialmente designadas para separar Israel de todas as outras nações. A Lei de Deus estabeleceu um sistema judicial, fez provisões para um rei futuro e separou uma tribo (Levi) e uma família dentro daquela tribo (a de Arão) para cuidar dos assuntos religiosos. Muito da Lei de Moisés espelha as leis de outras nações daquela época. Uma parte dela, no entanto, é revolucionária. A insistência em apenas um Deus e zero ídolos era única, bem como os altos padrões para sexualidade ensinados pela Lei. A Lei de Deus está resumida nos Dez Mandamentos (Êxodo 20). Vamos repassar do que tratam os Dez Mandamentos.

Os Dez Mandamentos em Resumo Êxodo 20:1–17	
Obrigação para com Deus	**Obrigação para com o Homem**
1. Não ter outros deuses. 2. Não às imagens. 3. Não usar mal o nome de Deus. 4. Lembrar-se do Sábado.	5. Honrar pai e mãe. 6. Não assassinar. 7. Não ao adultério. 8. Não roubar. 9. Não mentir. 10. Não cobiçar.

O sistema de adoração. Deus revelou ao seu povo o modo, o momento e o local em que eles poderiam aproximar-se dele. A adoração sob a aliança do Sinai centrava-se no Tabernáculo. Ela era administrada por um sacerdócio da família de Arão e conduzida pelo sumo sacerdote. As pessoas se reunião no pátio para apresentar uma ou mais das cinco ofertas básicas. Elas podem ser facilmente memorizadas com esta frase: **Queira Certamente Comover os Pecadores Cultuando.** As primeiras letras representam os cinco tipos de ofertas: **quei**madas (holocaustos), de **cer**eal, de **com**unhão, pelo **pec**ado e pela **cul**pa. Foge ao escopo deste curso rápido descrever estas ofertas em detalhes. Basta dizer que cada oferta tinha um propósito distinto; cada uma apontava adiante para o perfeito sacrifício de Cristo de alguma forma específica.

Não havia na Lei de Moisés uma prescrição para a adoração em comunidade. O Sábado era um dia de descanso de reflexão no lar, cada um com a sua família. Três vezes por ano, pedia-se aos homens e permitia-se às mulheres participar de grandes festividades nacionais que lembravam dos grandes eventos na história de Israel. As festividades anuais podem ser lembradas com uma frase assim: *Do Pátio o Asmático Príncipe Sempre EsPiava e Tropeçava nas Tábuas.* Estas letras significam as seguintes festividades: **Pás**coa, **Pães Asm**os (ou sem Fermento), **Prim**ícias (ou Colheita dos Primeiros Frutos), **Sem**anas (ou Pentecostes), Dia da **Expia**ção (Yom Kippur), **Tro**mbetas e **Tab**ernáculos. As sublinhadas são as obrigatórias. Novamente, detalhar estas festas foge ao escopo deste curso. Basta dizer que cada uma destas festas apontava adiante para a vinda de Cristo de alguma forma muito particular.

A Epístola aos Hebreus no Novo Testamento está cheia de ensinos que chamam a atenção para os ricos significados espirituais do Tabernáculo e do seu sistema de adoração.

As profecias de Balaão. Balaão era um gentio que tinha a reputação de fazer predições precisas e encantamentos. Ele foi contratado pelo rei de Moabe para rogar maldições sobre Israel para que os moabitas pudessem derrotá-los na batalha. Deus avisou a Balaão que não usasse seus dons para amaldiçoar um povo que Deus havia abençoado. Balaão queria ir mesmo assim. Então, Deus permitiu que fosse e deu uma bela lição a ele (e a nós) (Números 22).

Quando chegou à região de Moabe, Balaão foi levado a uma colina de onde era possível ver o acampamento de Israel. Balaão pensou que poderia subornar Deus com sacrifícios para que lhe fosse permitido amaldiçoar Israel. Ele estava errado. Toda vez que Balaão abria a boca, ele pronunciava uma bênção ao invés de uma maldição. Balaão falou quatro vezes, e a cada vez saíram palavras muito positivas (Números 23—25). Deus falava por meio da boca de Balaão do mesmo modo como tinha falado pela boca de sua mula, enquanto ele estava viajando para Moabe.

Na sua quarta mensagem, Deus revelou algo que haveria de acontecer no futuro distante. *Uma estrela e um cetro* — um grande Regente estava por vir em Israel. Este regente haveria de acabar com todos os inimigos do povo de Deus (Números 24:17–19). Muitos estudiosos acreditam que Balaão, sob inspiração divina, falava sobre Cristo.

Separe um tempo para ler sobre como o Novo Testamento usa Balaão como exemplo equivalente aos falsos mestres na Era Cristã (2 Pedro 2:15; Judas 11; Apocalipse 2:14).

As predições de Moisés. Enquanto profeta, Moisés fica numa categoria só sua (Deuteronômio 34:10). Em um de seus últimos discursos, Moisés predisse que quando Israel se assentasse na Terra

Prometida, o povo se tornaria infiel a Deus. Ele seriam levados em cativeiro para uma terra estrangeira. Quando se arrependessem, aí poderiam retornar à sua pátria (Deuteronômio 28–30). Os livros de Esdras e Neemias registram o cumprimento das predições de Moisés.

Moisés também relatou uma coisa que Deus lhe havia revelado. Algum dia, Deus iria levantar para Israel um *profeta como Moisés*. Seria então que todo o povo lhe daria ouvidos (Deuteronômio 18:14–19). Este *profeta como Moisés* foi Cristo (Atos 3:22s; 7:37).

Aplicação Cristã

Várias passagens do Novo Testamento já foram citadas que fazem referência aos eventos do Período no Deserto. Aqui está outro exemplo da escrita de Paulo que alude a muitos dos eventos no Período no Deserto. Você consegue identificá-los?

> Em Moisés, todos eles foram batizados na nuvem e no mar. Todos comeram do mesmo alimento espiritual e beberam da mesma bebida espiritual; pois bebiam da rocha espiritual que os acompanhava, e essa rocha era Cristo. Contudo, Deus não se agradou da maioria deles; por isso os seus corpos ficaram espalhados no deserto. Essas coisas ocorreram como exemplos para nós, para que não cobicemos coisas más, como eles fizeram. Não sejam idólatras, como alguns deles foram, conforme está escrito: "O povo se assentou para comer e beber, e levantou-se para se entregar à farra." Não pratiquemos imoralidade, como alguns deles fizeram — e num só dia morreram vinte e três mil. Não devemos pôr o Senhor à prova, como alguns deles fizeram — e foram mortos por serpentes. E não se queixem, como alguns deles se queixaram — e foram mortos pelo anjo destruidor. Essas coisas aconteceram a eles como exemplos e foram escritas como advertência para nós, sobre quem tem chegado o fim dos tempos. (1 Coríntios 10:2–11).

Evento Divisor de Águas (Josué 1–3)

Israel acampou por algum tempo no lado leste do Rio Jordão em uma localidade chamada Sitim, nas Planícies de Moabe. Logo do outro lado do rio ficava a fortaleza de Jericó, o primeiro alvo do exército israelita uma vez que a invasão da Terra Prometida começou. Trinta dias depois da morte de Moisés (Deuteronômio 34:8), Deus deu ordens aos israelitas para atravessarem o rio e entrarem em Canaã. Esta travessia do Rio Jordão no ano 1407 a.C. marcou o fim dos quarenta anos do Período no Deserto.

Quadro Resumido

A T R A V E S S A Um Mar	Período Nº 5 **Período no Deserto** Êxodo 15 – Deuteronômio 34		A T R A V E S S A Um Rio
	Pessoas Principais	**Grandes Eventos**	
	Moisés Arão Miriã	Rebeliões Batalhas Censos Construção Morte	
1447 a.C.	**Duração** 40 anos		1407 a.C.

Hora da Revisão

1. Você se lembra dos quatro primeiro períodos da história bíblica?
2. Você é capaz de dizer qual foi a duração de cada um dos períodos?
3. Em qual período você colocaria cada um desses grupos de pessoas?

    a. Moisés, Miriã, Arão
    b. Sem, Cam, Jafé
    c. Adão, Eva, Sete
    d. Abraão, Isaque, Jacó
    e. José, Moisés

4. Indique em qual período você estaria ao ler estes capítulos da Bíblia:

    a. Gênesis 5
    b. Números 21
    c. Deuteronômio 31
    d. Êxodo 5
    e. Levítico 16
    f. Gênesis 49
    g. Gênesis 15

1. Primórdios, Dispersão, Peregrinação, Egípcio, Deserto.
2. Primórdios = duração incerta, Dispersão = duração incerta, Peregrinação = 215 anos, Egípcio = 430 anos, Deserto = 40 anos.
3. a. Deserto; b. Dispersão; c. Primórdios; d. Peregrinação; e. Egípcio.
4. a. Primórdios; b. Deserto; c. Deserto; d. Egípcio; e. Deserto; f. Egípcio; g. Peregrinação.

CAPÍTULO SEIS

PERÍODO DA CONQUISTA
TOMANDO POSSE DA HERANÇA

Os descendentes de Abraão, Isaque e Jacó viveram com a promessa de herdar a terra durante toda a duração do Período da Peregrinação (215 anos), do Período Egípcio (430 anos) e do Período no Deserto (40 anos). Agora era chegada a hora de tomar posse da herança.

Deus não entregou a terra de Canaã aos israelitas numa bandeja de prata. Eles tiveram que lutar pelo direito de posse da terra. A Escritura que serve de fonte para o Período da Conquista é o livro de **Josué** mais sete capítulos do livro de **Juízes** (1—2; 17—21), num total de 28 capítulos. Pela primeira vez em nosso estudo nos deparamos com o problema que nem todo o registro histórico contido na Bíblia está em ordem cronológica.

Duração

O Período da Conquista começou quando os israelitas cruzaram o Rio Jordão ao redor do ano 1407 a.C. Este período da história bíblica tem três fases distintas. Os primeiros sete anos, sob a liderança de Josué, foram anos *formidáveis*. Os israelitas lutaram juntos como nação e esmagaram toda a oposição que os cananeus interpunham em seu caminho. Os treze anos seguintes foram anos *tribais*, em que muitas tribos individuais lutaram para varrer bolsões de resistência cananeia nas suas regiões respectivas. Algumas tribos tiveram sucesso, outras fracassaram, e algumas nem ao menos tentaram. Os últimos vinte anos do Período da Conquista foram anos *terríveis* para Israel. Muita idolatria veio à tona, sancionada por ninguém menos que a figura do neto de Moisés (Juízes 18:30, confira na NVI ou na NTLH). Imoralidade e violência estavam desenfreadas. Uma guerra civil quase extinguiu uma das tribos.

O Período da Conquista terminou com a primeira de várias invasões estrangeiras em Canaã no ano 1367 a.C. Portanto, o Período da Conquista (assim como o Período no Deserto) teve a duração de **40 anos.**

Tema Escriturístico

"[O Deus do povo de Israel] destruiu sete nações em Canaã e deu a terra delas como herança ao seu povo" (Atos 13:19). Este versículo captura o tema do Período da Conquista — invasão e herança. As sete nações em Canaã incluíam os hititas (ou heteus), os girgaseus, os amorreus, os cananeus, os ferezeus (ou perizeus), os heveus e os jebuseus (Deuteronômio 7:1). Depois de conquistar estes povos, a terra de Canaã foi dividida entre as doze tribos de Israel.

Pessoas Principais

São apenas três os grandes personagens no Período da Conquista:

- **O comandante:** Josué
- **O ancião:** Calebe
- **A prostituta:** Raabe

Comandante. Por causa de sua fé que Deus daria a terra a Israel, **Josué** e Calebe foram os únicos dos 600 mil guerreiros contados no censo do Sinai a quem foi permitido entrar na Terra Prometida. Josué sucedeu a Moisés como líder da nação. Sob sua competente liderança, Israel esmagou a resistência dos cananeus pervertidos.

Ancião. **Calebe** era líder na tribo de Judá. Aos 85 anos de idade, ele ainda tinha disposição para enfrentar os gigantes que viviam na área designada para ele (Josué 14:1–15).

Prostituta. **Raabe** entra na lista dos personagens mais importantes porque ela foi a única cananeia a pedir a misericórdia do SENHOR. Como resultado, esta meretriz encontrou salvação para si e para sua família quando da captura de Jericó. Veja o que o Novo Testamento fala sobre Raabe em Hebreus 11:31 e em Tiago 2:25.

Alguns outros personagens secundários também merecem estar entre as pessoas-chave do Período da Conquista.

Acã recebe destaque, mas de forma negativa. Ele violou as interdições a respeito de Jericó e roubou para si alguns dos espólios da cidade. E por haver bens roubados no acampamento de Israel, Deus não ficou do lado dos israelitas na sua batalha seguinte. Acã e seus familiares cúmplices foram expostos por Deus e executados (Josué 7).

Os netos de Arão e Moisés também aparecem em destaque no Período da Conquista.

Fineias, neto de Arão, era enormemente leal ao SENHOR. Quando ouviu falar que duas das tribos construíam um altar sem autorização, ele estava pronto para partir para a guerra. Depois de alguma investigação, viu-se que não se tratava de um "altar" para adoração, mas era na verdade um monumento. Uma guerra civil foi evitada graças a estes irmãos tribais sentarem-se e conversarem sobre suas diferenças (Josué 22).

Jônatas era neto de Moisés e o oposto espiritual de Fineias. Um homem chamado Mica contratou os serviços de Jônatas para que ele se tornasse seu sacerdote num santuário idólatra particular. Mais adiante, Jônatas viria a estabelecer adoração idólatra na cidade de Dã, na região norte de Canaã (Juízes 17—18).

Grandes Eventos

Para o Período da Conquista, podemos agrupar os grandes eventos dizendo que eles vieram para **BaLouçar Com as Cousas** em Israel. Depois de 470 anos longe de Canaã, os israelitas voltavam para balançar com as coisas na terra de seus ancestrais Abraão, Isaque e Jacó. Os grandes eventos do Período da Conquista são:

- **Batalhas**
- **Loteamentos**
- **Comprometimento**
- **Confusão**

Batalhas. Como o nome do período sugere, os quarenta anos do Período da Conquista foram praticamente de uma luta após a outra. Sob a liderança de Josué houve três grandes sucessos militares e um malogro. Jericó foi a primeira vitória. Depois de sete dias apenas marchando ao redor da cidade, as suas muralhas desmouraram miraculosamente. Foi uma fortaleza que se desfez diante dos israelitas com pouquíssimo esforço da parte deles (Josué 6). Veja como o Novo Testamento explica o colapso das muralhas de Jericó (Hebreus 11:30). Cheios de autoconfiança após o sucesso em Jericó, os israelitas atacaram a cidade de Ai sem as forças adequadas, sem oração e sem a ajuda divina. Eles foram derrotados (Josué 7:3–5).

A derrota de Ai logo foi revertida quando Josué voltou a se alinhar com o Senhor. O primeiro grande teste militar veio quando alguns reis na região sul de Canaã formaram uma aliança para juntos resistir a Israel. Josué montou um ataque surpresa contra esta coalizão do sul e os derrotou. Deus ajudou neste esforço ao responder a uma oração de Josué, fazendo com o que sol parasse o seu movimento no céu (Josué 10).

Uma outra coalizão ainda mais forte de reis cananeus formou-se na região norte de Canaã. Pela primeira vez, os israelitas enfrentavam um exército que possuía carruagens. Outra vez, a vitória de Josué foi esmagadora (Josué 11).

Loteamentos. Depois que as tribos tinham unidas rompido a resistência cananeia, a terra de Canaã foi dividida e loteada para as várias tribos. As fronteiras tribais estão cuidadosamente mapeadas no livro de Josué. As áreas tribais foram designadas por um processo de "sorteio", conforme a orientação do Senhor (Josué 14—20).

Josué encarregou individualmente as tribos de "limpar" os bolsões de resistência em seus territórios tribais. Fazendo opção pela transigência, algumas tribos falharam em cumprir as ordens de Deus de expulsar os cananeus (Juízes 1:22–36). Houve até uma tribo que foi forçada a realocar alguns de seus clãs porque não conseguiam ou quiseram derrotar os cananeus da região (Josué 19:47; Juízes 18).

Comprometimento. Por três vezes durante o Período da Conquista, Josué convocou as tribos a voltarem a se comprometer com o Senhor. Em Gilgal, o primeiro local de acampamento em Canaã, Josué ordenou a todos os homens que não haviam sido circuncidados nos quarenta anos no deserto a passarem por esta importante cerimônia de aliança. Ao mesmo tempo, Israel celebrava a festa da Páscoa, o primeiro registro desta celebração desde que deixaram o Monte Sinai.

Josué conduziu os israelitas até a área de Siquém para que eles renovassem seu compromisso com o Senhor. Metade das tribos reuniram-se defronte o Monte Ebal, e metade defronte do Monte Gerizim. As bênçãos e maldições declaradas na Lei de Deus foram lidas. Depois de cada pronunciamento, o povo de um lado ou de outro das montanhas exclamava um enérgico *Amém*. Esta cerimônia de renovar o comprometimento com Deus foi planejada por Moisés antes que morresse (Josué 8:30–35).

Perto do final de sua vida, Josué chamou o povo de volta a Siquém. Ele dirigiu a eles sua mensagem de despedida. Nela, ele insistiu que os israelitas deixassem os deuses estrangeiros deles. Ele os desafiou naquele mesmo dia a servir o Senhor. Foi nessa ocasião que Josué falou as famosas palavras: "Mas, eu e a minha família serviremos ao Senhor" (Josué 24:15).

Confusão. As cousas estiveram verdadeiramente *confusas* durante este balouçado período da história de Israel. Os seis últimos capítulos de Juízes pertencem, cronologicamente, ao período imediatamente após a morte de Josué. Estes capítulos relatam duas histórias vis – uma de idolatria, outra de imoralidade. O estupro e assassinato da concubina de um levita levou a uma guerra civil devastadora. Todas as tribos se uniram contra a tribo de Benjamim porque os anciãos se recusaram a deixar que a justiça fosse feita com os estupradores e assassinos. Milhares de homens em ambos os lados foram mortos. Ao final do conflito, restaram apenas seiscentos homens de Benjamim (Juízes 19—21).

Grandes Milagres

Além da travessia miraculosa do Rio Jordão que inaugurou o Período da Conquista, apenas dois milagres são registrados durante este período. Primeiro, as muralhas de Jericó vieram ao chão sem que os israelitas tocassem nelas. Segundo, em algum momento durante a Batalha de Bete-Horom, Josué orou para o que **o sol parasse**. O Senhor lutou por Israel, jogando grandes pedras de granizo contra o inimigo.

A Mensagem de Deus

Deus falou em numerosas ocasiões durante o Período da Conquista. Duas revelações, no entanto, se destacam. Uma delas aconteceu no começo do Período da Conquista, e a outra perto do fim dele. Foram elas:

- **O Comandante do Exército do Senhor**
- **O Anjo do Senhor**

Comandante. Pouco antes da batalha de Jericó, Josué teve um encontro com um guerreiro armado que se identificava o Comandante do Exército do Senhor. Não era um homem nem um anjo; era uma manifestação do próprio Deus. Os teólogos chamam essas aparições de Deus de *teofanias*. Neste caso, Deus apareceu em vestes de batalha como forma de dizer a Josué que ele lideraria o seu povo no confronto que estava para vir pelo controle de Canaã. O Comandante revelou a Josué o plano divino para capturar a cidade de Jericó (Josué 5:12—6:5).

Anjo. A segunda grande revelação do Período da Conquista encontra-se registrada em Juízes 2:1–5. O Anjo do Senhor apareceu para repreender os israelitas por falharem em trazer o juízo em sua totalidade sobre os cananeus. Visto que eles não estiveram dispostos em cumprir as ordens de Deus, o mensageiro anunciou que deixaria os cananeus restantes se tornarem "espinhos" na vida dos israelitas. Alguns acreditam que este anjo ou mensageiro (a palavra hebraica tem os dois significados) era algum tipo de profeta. Outros creem que ele era uma teofania, uma manifestação de Deus assim o Comandante do Exército do SENHOR.

Aplicação Cristã

"Porque, se Josué lhes tivesse dado descanso, Deus não teria falado posteriormente a respeito de outro dia. Assim, ainda resta um descanso sabático para o povo de Deus" (Hebreus 4:8–9). Deus jurou que a geração de Moisés não entraria em seu descanso, simbolizado pela terra de Canaã (Salmo 95:11). Foi Josué que conduziu a geração seguinte a entrar em Canaã; mas isto não cumpriu totalmente a promessa de Deus do descanso. Eis que aí permanece para os cristãos um descanso que Josué jamais fora capaz de dar. Jesus, no entanto, conduz seu povo ao descanso prometido – o descanso celestial de Deus.

Evento Divisor de Águas (Juízes 3:8)

O Período da Conquista terminou quando os conquistadores israelitas foram eles mesmos conquistados por um invasor estrangeiro em **1367 a.C.** O invasor chamava-se **Cuchã** (ou Cusã). Ele tinha também um apelido: *Risataim* = Duplamente Malvado. Ele vinha de uma região no noroeste da Mesopotâmia. E provavelmente era hitita. Por oito anos, os israelitas foram vítimas de opressão deste invasor.

Quadro Resumido

T R A V E S I A do Jordão	Período Nº 6 **Período da Conquista** Josué — Juízes		C U C H Ã invade
	Pessoas Principais Josué Calebe Raabe	**Grandes Eventos** Batalhas Loteamentos Comprometimento Confusão	
1407 a.C.	**Duração** 40 anos		**1367 a.C.**

CAPÍTULO SETE

PERÍODO DOS JUÍZES
A IDADE DAS TREVAS DE ISRAEL

Israel afastou-se do SENHOR depois da morte de Josué. Deus trouxe invasores estrangeiros em Canaã para mexer com os israelitas e fazê-los acordar. Israel foi oprimido por inimigos impiedosos. Em seu sofrimento, os israelitas clamaram repetidas vezes ao SENHOR por libertação. Deus respondeu levantando uma série de libertadores chamados *juízes* para derrotar os opressores.

A história do Período dos Juízes encontra-se em **Juízes 3—16**, no livro de **Rute** e em **1 Samuel 1—7**. Há na Escritura vinte e cinco capítulos a descrever o Período dos Juízes.

Duração

O Período dos Juízes começou com **a invasão de Cuchã** (ou Cusã), "o duplamente malvado", ao redor do ano 1367 a.C. Quatorze juízes foram levantados por Deus para trazer libertação a Israel. Doze destes estão mencionados no livro de Juízes, e mais dois no livro de 1 Samuel. Samuel foi o último dos juízes. Perto do final do seu juizado, os anciãos de Israel reivindicaram que Samuel ungisse para eles uma liderança duradoura — um rei como todas as outras nações tinham. A unção do primeiro rei de Israel aconteceu ao redor do ano 1043 a.C. Portanto, o Período dos Juízes durou **325 anos**.

Tema Escriturístico

"Depois disso, ele lhes deu juízes até o tempo do profeta Samuel" (Atos 13:20). Os juízes do Antigo Testamento não vestiam togas e becas, nem batiam martelos de madeira. Os juízes da Bíblia eram líderes cheios do Espírito, levantados por Deus para lidar com esta ou aquela crise específica em Israel. Alguns dos juízes, como Eli, também tinham outras atribuições. Eli era sumo sacerdote em Israel. O profeta Samuel foi o último destes juízes.

Pessoas Principais

Dos catorze juízes mencionados na Bíblia, quatro são de particular interesse:

- **Uma profetisa:** Débora
- **Um general:** Gideão
- **Um homem de força:** Sansão
- **Um homem de fé:** Samuel

***Profetisa*.** **Débora** foi esposa e mãe. Foi também a única juíza mulher. Ela estava habituada a resolver as questões que os israelitas lhe traziam enquanto ficava sentada debaixo de certa palmeira, que se tornou conhecida como "a palmeira de Débora". Esta mulher era também uma profetisa. Isto significa que ela recebia revelações diretamente do SENHOR. Durante seus dias como juíza, Israel estava sendo oprimido pelo reino cananeu ressurgido sob o comando do rei Jabim, provavelmente um descendente do rei de mesmo nome do Período da Conquista. O general de Jabim chamava-se Sísera. Ele tinha novecentas carruagens de ferro, que usava para invadir Israel de tempos em tempos e cobrar um tributo em dinheiro para Jabim.

Débora encorajou Baraque a organizar um exército para lutar contra o invasor. Baraque recusou-se a aceitar o serviço a menos que Débora o acompanhasse na batalha. E foi o que ela fez. Em meio a uma forte chuva, as tropas israelitas investiram contra o Monte

Tabor e puderam atacar as carruagens, que estavam atolando na lama e com dificuldade de manobrar.

Sísera fugiu do campo de batalha a pé. Ele se refugiou na tenda de uma mulher queneia chamada Jael. E achou que estaria seguro ali. Enquanto ele dormia pesadamente, porém, Jael pegou uma estaca de tenda e atravessou-lhe o crânio. Foi assim, com a liderança de Débora e a coragem de Jael, que Israel foi liberto da terrível opressão de Sísera.

O história de Débora, Baraque, Sísera e Jael está narrada em Juízes 4, e foi depois cantada em forma de poesia em Juízes 5.

Um general. Gideão ocultava seus grãos de trigo no tanque de pisar uvas para evitar que os saques dos midianitas, que invadiam a região anualmente. O Anjo do SENHOR apareceu a Gideão. Ele encarregou Gideão de libertar Israel dos midianitas.

Gideão reuniu um exército de vários milhares. O SENHOR disse a Gideão que o exército dele era grande demais. A vitória com um exército numeroso sobre um inimigo traria glória ao homem, não a Deus. Gideão pôs suas tropas à prova através de dois testes que reduziram o número a apenas trezentos. Cada homem recebeu um jarro, uma tocha e uma trombeta. Os trezentos esconderam suas tochas dentro dos jarros e se posicionaram ao redor do acampamento midianita. Na calada da noite, Gideão deu a ordem. Os jarros foram quebrados, as tochas acesas e as trombetas tocadas. E os midianitas pularam em suas tendas e para fora delas.

Eles ouviram as trombetas e viram as luzes das tochas nas montanhas ao redor, e pensaram que estavam sendo atacados por um exército de milhares. No escuro, alguns dos midianitas lutaram uns com os outros; os restantes fugiram. Gideão enviou mensageiros para convocar o restante do exército. Então, perseguiu os midianitas por todo o Rio Jordão. No final, Gideão alcançou os midianitas e acabou com eles (Juízes 6—8).

Homem de força. Sansão foi criado como nazireu desde seu nascimento. Isto significava que ele nunca deveria beber vinho, nem cortar seu cabelo, nem tocar em pessoas ou animais mortos. Quando Sansão cresceu até a fase adulta, ele se tornou um mulherengo. E não foi somente uma única mulher filisteia que o fez de bobo. Os problemas dele com essas mulheres o levaram a uma campanha pessoal de vingança contra os filisteus, os opressores de Israel no seu tempo, que durou vinte anos. Por exemplo, Sansão foi a uma cidade filisteia e emboscou trinta homens no escuro, pegando as roupas deles. Sozinho, Sansão queimou as plantações e vinhas dos filisteus. Noutra ocasião, esse homem de força massacrou mil filisteus com o osso da mandíbula de um jumento.

Houve uma mulher — pensa-se que era filisteia — que de tanto incomodar Sansão, finalmente extraiu dele o segredo de sua força. Dalila fez Sansão adormecer e então cortou-lhe a cabeleira. A força dele imediatamente o deixou. Os filisteus cegaram os olhos de Sansão e prenderam-no com ferros (Juízes 16:1–22). A história de Sansão termina de forma triunfal, quando ele empurrou os pilares do templo filisteu onde estava, matando mais inimigos em sua morte do que em toda a sua vida (Juízes 16:23–30).

Sansão era cheio de falhas. Mesmo assim, Deus o usou por duas décadas para manter a ameaça filisteia em xeque.

Homem de fé. **Samuel**, como Sansão, foi dedicado ao SENHOR desde que nasceu. Na realidade, Samuel foi educado pelo sacerdote Eli no Tabernáculo. Enquanto ainda era menino, Deus chamou Samuel para ser profeta (1 Samuel 3). Conforme ele crescia, ganhava a reputação de nunca errar nas suas predições (1 Samuel 3:19–21). Assim como Sansão, ele também lutou contra os filisteus. Diferente de Sansão, o homem de fé conseguiu alcançar uma vitória duradoura sobre eles. Os filisteus não invadiram Israel novamente enquanto Samuel esteve vivo (1 Samuel 7:13).

Grandes Eventos

Cinco grandes eventos aconteceram durante o Período dos Juízes. São eles:

- **A vitória sobre Sísera**
- **A vitória sobre Midiã**
- **As façanhas de Sansão**
- **O chamado de Samuel**
- **A captura da Arca**

Destes cinco eventos, já descrevemos os quatro primeiros na seção de *Pessoas Principais*. A **captura da Arca** aconteceu quando Samuel era menino. Os israelitas perderam uma batalha para os filisteus. Os israelitas pensaram que tinham perdido porque eles não tinham a Arca de Deus com eles no campo de batalha, então, mandaram buscar a Arca. No dia seguinte, eles foram derrotados de novo. E a Arca foi capturada. A notícia da derrota e da captura da Arca chegaram até Eli, o décimo terceiro juiz de Israel. O ancião ficou tão abalado que caiu de seu assento e quebrou o pescoço.

Os filisteus levaram a Arca como troféu para o templo do seu deus, Dagom, em Asdode. A captura da Arca de Deus pelos filisteus certamente foi um dos piores desastres que já atingiram Israel ao longo de sua história. Mesmo assim, Deus usou este incidente para ensinar aos filisteus idólatras que ele é superior a Dagom. (1 Samuel 4—5).

Grandes Milagres

O Período dos Juízes foi cheio de ações heroicas e grandes vitórias militares, mas poucos milagres. Gideão chegou a até mesmo fazer este comentário: "Onde estão aquelas coisas maravilhosas que os nossos antepassados nos contaram que o SENHOR costumava fazer?" (Juízes 6:13, NTLH). Ao que parece, Gideão nunca tinha visto um milagre até a aparição do tal Anjo do SENHOR. O Anjo disse a Gideão para fazer uma oferta com carne e pão sobre uma rocha. O Anjo tocou a oferta com ponto do cajado dele. Fogo saiu da rocha e consumiu a oferta. E na mesma hora, o Anjo desapareceu (Juízes 6:21). Gideão pediu outro milagre logo antes de enfrentar os midianitas. Ele deixou um pouco de lã de carneiro ao relento pela noite toda. Ele pediu primeiro que a lã estivesse molhada de orvalho na manhã seguinte, mas que o chão ao redor estivesse seco. Foi o que aconteceu. No dia seguinte, ele pediu o mesmo milagre mas ao contrário (Juízes 6:36–40).

Também o Anjo do Senhor orientou os pais de Sansão a colocarem uma oferta sobre uma rocha. Chamas elevaram-se da pedra em direção aos céus. E o Anjo subiu aos céus com as chamas (Juízes 13:20). Provavelmente, as façanhas de Sansão e sua força também entram na categoria de milagres.

Quando a Arca de Deus foi capturada pelos filisteus, Deus demonstrou seu poder de várias formas. Por duas noites, a estátua de Dagom caiu de bruços diante da Arca. Deus atingiu os filisteus com uma praga de tumores (1 Samuel 5: 4–4,12). Contrariando seus instintos animais, duas vacas puxaram uma carroça carregando a Arca de Deus até a terra de Israel, sem tentarem se virar e voltar para seus bezerros que mugiam por elas (1 Samuel 6:10–14). Deus puniu certos israelitas que não mostraram respeito, quando eles tentaram olhar dentro da Arca (1 Samuel 6:19).

A Mensagem de Deus

Nos dias dos juízes, "a palavra do Senhor era muito rara; as visões não eram frequentes" (1 Samuel 3:1, NAA). A maior parte das revelações de Deus veio próximo do final do longo Período dos Juízes. As exceções foram visitas feitas pelo Anjo do Senhor, uma manifestação do próprio Deus (Juízes 13). Outras três revelações são dignas de nota:

- **A predição de um rei futuro**
- **A predição da remoção da casa de Eli**
- **As revelações a Samuel**

Rei futuro. Ana era a mãe de Samuel. Quando Ana trouxe seu filho ao Tabernáculo, Deus inspirou esta mulher a cantar uma canção profética. Os últimos versos da canção falam de juízo mundial e um rei que seria exaltado (1 Samuel 2:10). Muitos estudiosos creem que Ana fez referência a Cristo. Assim sendo, Ana fora a primeira mulher a pronunciar uma profecia messiânica — uma profecia a anunciar a vinda do Messias ou Cristo.

Sacerdote fiel. Os filhos de Eli eram sacerdotes maus. Eli, o sumo sacerdote, deveria removê-los de suas posições. Eli, porém, não parece ter sido bom em disciplinar. Um homem de Deus (profeta) anônimo apareceu para repreender Eli. Este mesmo profeta anunciou que os dois filhos de Eli morreriam ambos num mesmo dia. Em breve, a casa do ancestral de Eli — isto é, a família de Arão — seria removida de seu posto. Deus levantaria um sacerdote fiel. A partir daquele dia, a casa sacerdotal passaria a servir sob a supervisão deste ungido (1 Samuel 2:27-36). Muitos estudiosos creem que o sacerdote fiel é Cristo. E os cristãos, são a casa sacerdotal que serve a Deus sob a sua supervisão.

Revelações a Samuel. Enquanto ele ainda era um menino, Samuel recebeu revelações de Deus. A natureza exata dessas revelações não é esclarecida. "Enquanto Samuel crescia, o Senhor estava com ele, e fazia com que todas as suas palavras se cumprissem. Todo o Israel, desde Dã até Berseba, reconhecia que Samuel estava confirmado como profeta do Senhor." (1 Samuel 3:19-20).

Aplicação Cristã

Que mais direi? Não tenho tempo para falar de Gideão, Baraque, Sansão, Jefté, Davi, Samuel e os profetas, os quais pela fé conquistaram reinos, praticaram a justiça, alcançaram o cumprimento de promessas, fecharam a boca de leões, apagaram o poder do fogo e escaparam do fio da espada; da fraqueza tiraram força, tornaram-se poderosos na batalha e puseram em fuga exércitos estrangeiros (Hebreus 11:32-34).

Nestes versículos, os cristãos são desafiados a suportar grandes dificuldades e se esforçarem por fazer grandes feitos pela fé, como a fé dos juízes.

Evento Divisor de Águas (1 Samuel 8—10)

Samuel foi um grande líder, mas não um bom pai. Seus filhos eram maus. Mesmo assim, Samuel os designou para ajudá-lo a governar a terra. Talvez fosse sua intenção que eles fossem seus sucessores quando ele morresse. Ao redor do ano **1043 a.C.**, os anciãos de Israel vieram a Samuel e lhe pediram para ungir um rei para eles. Eles não queriam os filhos de Samuel vestindo o manto de seu pai. Eles queriam uma sucessão permanente de governantes como todas as outras nações ao redor.

Samuel ficou muito magoado. Ele orou pelo pedido deles. Deus o autorizou a ungir o primeiro rei de Israel. Deus trouxe Saul, filho de Quis, à casa de Samuel. Samuel ungiu-o como rei em segredo. Pouco depois, numa reunião pública, Deus apontou Saul como sua escolha para ser o rei. Saul foi ungido com óleo. E é assim, com a saída de cena de Samuel e a unção de Saul, que o Período dos Juízes chega ao fim.

Quadro Resumido

C U C H Ã invade	Período Nº 7 Período dos Juízes Juízes — Rute + 1 Samuel 1—7		E S C O L H E um rei
	Pessoas Principais	Grandes Eventos	
	Débora Gideão Sansão Samuel	Vitória de Sísera Vitória de Midiã Façanhas de Sansão Chamado de Samuel A Arca é capturada	
1043 a.C.	Duração 325 anos		1043 a.C.

Período do Reino Unificado

Grandeza Nacional

O começo da monarquia em Israel não foi fácil. A princípio, o apoio popular ao reinado de Saul foi meio fraco, até ele conseguir provar seu valor. A seu tempo, todavia, Saul mostrou que era um bom líder militar. No entanto, faltava a Saul o espírito de obediência que Deus requeria do homem a governar seu povo. Mais adiante, Saul perde o apoio de Samuel. A partir de então, Saul não tem mais acesso à orientação divina para reinar.

Reino Unificado (ou Monarquia Unida) designa o período em que todas as tribos de Israel serviam debaixo de um só rei. A história do Período do Reino Unificado estende-se de **1 Samuel 8** até **1 Reis 11**. Além disso, este material é ampliado em todo o livro de **1 Crônicas** e em **2 Crônicas 1—9**. No total, são noventa e sete capítulos da Bíblia. Desde o Período no Deserto, nenhum outro período bíblico até agora foi descrito ao longo de tantos capítulos. Além dos já mencionados, os livros bíblicos de Salmos, Provérbios, Eclesiastes, Cântico dos Cânticos (ou Cantares) e possivelmente o livro de Jó, foram escritos durante este período. A quantidade de texto que descreve ou deriva deste período indica que o Período do Reino Unificado é dos mais importantes na história bíblica.

Duração

O Período do Reino Unificado começa com Saul ungido rei ao redor do ano **1043 a.C.** O Antigo Testamento não indica quanto tempo durou o reinado de Saul, visto que alguns dos números não estão claros em 1 Samuel 13:1. Em Atos 13:21, o apóstolo Paulo diz que Saul reinou por 40 anos; mas ele pode estar incluindo os anos em que o filho de Saul reinou uma parte da nação depois da morte de seu pai. Davi reinou por pouco mais de 40 anos. Salomão, de igual modo, reinou por 40 anos. O Período do Reino Unificado chegou ao seu fim pouco depois da morte de Salomão quando dez das tribos recusaram-se a reconhecer o filho de Salomão como rei. Isto ocorreu ao redor do ano 931 a.C. Assim, a extensão aproximada do Período do Reino Unificado é dos anos 1043–931 a.C., num total de cerca de **112 anos.**

Tema Escriturístico

"[O] rei mandou o povo para casa. Todos foram embora felizes e alegres por causa de todas as coisas boas que o SENHOR tinha dado a Davi, a Salomão e ao seu povo de Israel" (2 Crônicas 7:10, NTLH). Este versículo retrata o Período do Reino Unificado como tempos de muitas bênçãos materiais. Antes uma frouxa confederação de tribos, Israel tinha se tornado uma nação proeminente. Davi expandiu as fronteiras da nação até os limites estipulados na promessa original de Deus (Gênesis 15:18). As riquezas afluíam para o reino de Salomão, provindos do comércio por terra e mar. Governantes de terras distantes vinham e maravilhavam-se com a prosperidade e a sabedoria de Salomão.

Pessoas Principais

Temos todo um rol de personagens interessantes que desempenharam papéis secundários ao longo de todo o Período do Reino Unificado. Entre eles, temos príncipes e princesas, sacerdotes, profetas e generais. Não há dúvida, no entanto, que as grandes estrelas do Período do Reino Unificado foram os três reis que reinaram sobre Israel:

- **Saul**
- **Davi**
- **Salomão**

Rei Saul. Não se sabe muita coisa sobre as três primeiras décadas do reinado de Saul. Deus escolheu Saul para ser o primeiro rei de Israel, para atender o pedido dos anciãos israelitas de dar-lhes um rei como todas as demais nações. No começo de seu reinado, Saul era humilde e devoto. Embora alguns zombassem de sua capacidade de reinar, Saul logo demonstrou que era muito bom em táticas militares. Ele mostrou-se muito competente na defesa das fronteiras de Israel dos inimigos ao redor, especialmente os filisteus, com quem esteve em constante estado de guerra. Saul parece ter sido possesso por um espírito demoníaco que, de tempos em tempos, fazia com que tivesse acessos de raiva. O primeiro dos reis foi mortalmente ferido enquanto batalhava com os filisteus em 1010 a.C. Ele se jogou sobre sua própria espada, preferindo morrer assim a ser capturado vivo pelos inimigos.

Rei Davi. Enquanto Deus rejeitava Saul por causa da sua desobediência, o profeta Samuel foi despachado secretamente para Belém para ungir o menino Davi como o futuro rei. Ainda menino, Davi foi convocado à corte de Saul para trazer música ao rei aflito. Em pouco tempo, ele já era um dos que cuidava da armadura do rei. No final da sua adolescência, Davi tornou-se uma estrela nacional depois que sozinho venceu Golias, o gigante. Nessa época, Davi recebeu comando militar. Sua ascensão de escalão militar foi rápida. Ele se tornou o melhor amigo de Jônatas, o filho do rei, e casou-se com Mical, a filha do rei.

Mais adiante, temendo por sua vida, Davi teve que fugir da corte do rei Saul. Por cerca de três anos, viveu como um fugitivo no deserto da Judeia. Era uma vida onde o perigo era constante. A morte de Saul levou a uma guerra civil entre as tribos sobre quem seria o novo rei. Com 30 anos de idade, Davi finalmente obteve o apoio de todas as tribos.

Como rei de Israel, Davi concentrou-se em expandir as fronteiras de seu reino. Ele também foi inspirado pelo Espírito de Deus a escrever pelo menos setenta e cinco dos poemas no livro de Salmos.

Rei Salomão. Ainda adolescente, Salomão herdou um reino seguro. Seus quarenta anos de reinado foram marcados pela paz e pela prosperidade. Salomão foi considerado o homem mais sábio de seu tempo. Ele foi um escritor prolífico. Alguns de seus escritos — Provérbios, Eclesiastes, Cântico dos Cânticos — encontram-se nas nossas Bíblias. Salomão ficou famoso também pelas suas realizações arquitetônicas, das quais a mais notável foi o Templo, em Jerusalém.

Grandes Eventos

Sete grandes eventos transcorreram durante o Período do Reino Unificado:

- A desobediência de Saul
- A derrota de Golias
- Davi em perigo
- Davi é ungido
- Davi comete adultério
- Davi tem que fugir
- O Templo de Salomão

A desobediência de Saul (1 Samuel 13; 15). Em duas ocasiões, Saul desobedeceu às ordens diretas de Deus, dadas a ele por meio do profeta Samuel. Durante a guerra com os filisteus, Saul falhou ao não esperar por Samuel, que viria oferecer sacrifícios pelas tropas em Gilgal (1 Samuel 13). A segunda ocasião foi quando Saul falhou ao não executar todos os amalequitas conforme ordenado por Samuel (1 Samuel 15). Depois do primeiro ato de desobediência, Samuel anunciou que a dinastia de Saul não sobreviveria, significando que o seu filho não o sucederia no trono. Depois do segundo ato desobediente, Samuel anunciou que Deus pessoalmente havia rejeitado a Saul. Deste instante em diante, Deus retirou sua influência e orientação do reinado de Saul.

A derrota de Golias (1 Samuel 17). Um gigante filisteu chamado Golias vinha intimidando os exércitos de Israel por quarenta dias. Enquanto levava suprimentos para seus irmãos no campo de batalha, o jovem Davi (com 19 anos de idade) viu a intimidação. Ele se ofereceu para enfrentar Golias em favor do exército de Saul. Relutante, o rei permitiu que o pastorzinho fosse ao combate. Com um arremesso de sua funda, Davi derrubou o gigante. E com a espada dele, ele o decapitou. Os homens de Saul sentiram-se tão animados com o que viram que tiveram uma vitória espetacular sobre os filisteus naquele dia. A importância deste incidente foi que Davi foi elevado ao estrelato nacional.

Davi em perigo (1 Samuel 18—22). Conforme a popularidade de Davi crescia entre os soldados e o povo, também a inveja de Saul. Ele chegou ao extremo de ver em Davi uma ameaça ao seu trono. Saul armou vários esquemas para matar ou derrubar Davi. Matar o seu "rival" tornou-se a obsessão de sua vida. Davi se viu forçado a fugir para o deserto em busca de segurança. Mas Saul o perseguiu intermitentemente no deserto, por muitos anos. Houve momentos em que Davi escapou por um triz; e em todas as vezes, Deus o libertou de seu adversário. Até que, finalmente, a pressão sobre Davi ficou grande demais. Ele fugiu para a Filístia para buscar refúgio.

Davi é ungido (2 Samuel 2; 5). Depois da morte de Saul, a tribo de Judá reconheceu Davi como rei quase instantaneamente. Porém, as outras tribos suspeitavam de Davi, pois ele havia passado os últimos sete meses trabalhando junto com os filisteus. Davi governou Judá por sete anos e meio. Durante esse tempo, as outras tribos reagrupavam-se em torno do filho do rei Saul que havia sobrevivido. Houve conflitos entre os dois partidos. Quando o último filho de Saul foi assassinado pelos seus próprios homens, as tribos não tardaram em reconhecer Davi como seu rei. Assim, Davi foi ungido três vezes: uma vez em segredo por Samuel ainda menino, noutra vez pela tribo de Judá, e finalmente por todas as tribos israelitas.

Davi comete adultério (2 Samuel 11). Durante seu reino, Davi fortaleceu todas as fronteiras de Israel. Ele foi um grande rei, grandemente amado pelo seu povo. Sua maior falta foi quando ele cometeu adultério com Bate-Seba, a esposa de um de seus capitães. Então, para desfaçar que ela estava grávida, Davi fez com que este capitão fosse posicionado na linha de frente na batalha e fosse morto.

Em seguida, Davi casou-se com Bate-Seba. Este pecado secreto foi exposto e repreendido pelo profeta Natã. O profeta alertou que daquela dia em diante o reinado de Davi passaria por dificuldades. Foi o que aconteceu. No seio da família de Davi, um de seus filhos estuprou sua meia-irmã, e o irmão dela depois o matou. Mais adiante, vários israelitas voltaram-se contra Davi.

Davi tem que fugir (2 Samuel 15—18). Absalão, filho de Davi, depois de haver matado seu meio-irmão fugiu para escapar qualquer punição de Davi. Depois, ele recebe permissão de voltar a Jerusalém. Então, Absalão começa pouco a pouco a minar o reinado de seu pai. Até que ele finalmente consegue reunir apoio suficiente para organizar uma rebelião em grande escala contra seu pai. Davi é forçado a fugir de Jerusalém e atravessa o Rio Jordão em busca de segurança. O exército de Absalão persegue Davi. Houve uma batalha em que Absalão foi derrotado. E ao final dela, Absalão encontra-se preso pelos cabelos, pendurado em uma árvore. Joabe, o general de Davi, acaba com ele, indo contra as ordens de seu rei.

O Templo de Salomão (1 Reis 6—8). Quando Salomão tornou-se rei, sua prioridade número um foi construir um templo glorioso para o Senhor em Jerusalém. Com a ajuda de seu amigo Hirão, rei de Tiro, Salomão construiu o que certamente deve ter sido uma das maravilhas do mundo antigo. O projeto do Templo foi baseado no Tabernáculo construído nos tempos de Moisés, só que muito maior. Estima-se que, para reproduzir o Templo de Salomão nos dias atuais, seriam gastos mais de um bilhão de dólares. Ironicamente, no sistema de adoração do Antigo Testamento, ninguém podia entrar no interior do Templo senão os sacerdotes que faziam as cerimônias ali.

Grandes Milagres

Milagres não foram comuns durante o Período do Reino Unificado. Citamos dois eventos dignos de nota. Ambos vieram em resposta a orações. Uma praga parou antes que atingisse Jerusalém por causa da oração de Davi (2 Samuel 24:16). Quando Salomão terminou de orar na dedicação do Templo, fogo desceu dos céus e consumiu a oferta queimada (holocausto) no altar (2 Crônicas 7:1).

A Mensagem de Deus

Há uma quantidade imensa de revelações que foram dadas por Deus durante o Período do Reino Unificado. Deus inspirou Davi e outros a escrever a maior parte das poesias dos Salmos que hoje encontramos na Bíblia. Deus inspirou também Salomão a escrever os livros de Provérbios, Eclesiastes e Cântico dos Cânticos (ou Cantares). A presente introdução simples à história bíblica não é a mais adequada para discutir a inteireza destes livros da Bíblia. Há, no entanto, ainda outras revelações contidas no material histórico. Três destas revelações são as mais importantes.

- **Revelações de unção**
- **Aliança com Davi**
- **Revelação do Templo**

Revelações de unção Deus revelou a Samuel que Saul estava vindo para Ramá, buscando pelas jumentas perdidas do pai dele. Deus instruiu Samuel a ungir Saul em segredo como o primeiro rei da nação (1 Samuel 9). Quando Saul mostrou-se indigno da coroa, Deus enviou Samuel para Belém para ungir o sucessor escolhido. Conforme os filhos de Jessé passavam diante dele, Deus revelou a Samuel que o jovem Davi fora escolhido para ser o próximo rei (1 Samuel 16). Assim, vemos que os dois primeiros reis de Israel foram selecionados por Deus. E o profeta Samuel foi quem ungiu a ambos.

Aliança com Davi (2 Samuel 7). Davi tinha o desejo de construir uma casa para o SENHOR, o seu Deus. Deus, no entanto, revelou a Natã que não seria Davi a construir o Templo. Essa tarefa seria empreendida pelo filho de Davi. Embora Davi não fosse construir uma casa para o Senhor, Deus prometeu construir uma casa (dinastia) para Davi. Enquanto houvesse um trono, os descendentes de Davi se sentariam naquele trono. O trono do reino de Davi duraria para sempre. O ocupante daquele trono seria filho de Deus num sentido muito especial. Hoje, Jesus está sentado no trono de Davi, que na verdade é o trono de Deus (1 Crônicas 29:23). Ele reina eternamente sobre seu reino, cumprindo assim a profecia de Natã.

Revelação do Templo (1 Reis 8). Quando Salomão terminou o Templo em Jerusalém, os sacerdotes instalaram cuidadosamente a Arca da Aliança na área mais sagrada do Templo. Quando os sacerdotes saíram do Lugar Santíssimo, uma nuvem encheu o Templo. Os sacerdotes não puderam realizar o serviço de adoração por causa da nuvem, com a glória do SENHOR enchendo o ambiente (1 Reis 8:11). Esta nuvem gloriosa indicava que Deus tinha feito do Templo de Salomão sua morada na terra.

Aplicação Cristã

Jesus certa vez referiu-se ao Período do Reino Unificado para ilustrar aos seus ouvintes que grande privilégio que era para eles tê-lo em seu meio. "A rainha do Sul se levantará no juízo com os homens desta geração e os condenará, pois ela veio dos confins da terra para ouvir a sabedoria de Salomão, e agora está aqui quem é maior do que Salomão" (Lucas 11:31). Jesus se referia à visita da rainha de Sabá relatada em 1 Reis 10.

Evento Divisor de Águas (1 Reis 12)

Depois da morte de Salomão, seu filho, Roboão, foi prontamente aceito como rei pela tribo de Judá. As tribos do norte, no entanto, estavam exigindo que Roboão fosse até o norte negociar com eles, antes que lhe dessem seu reconhecimento. Eles estavam cansados dos impostos altos de Salomão, bem como do favoritismo que ele aparentava mostrar para com Judá e Jerusalém. Roboão foi até Siquém para encontrar-se com os líderes das tribos. Ele, porém, recusou-se a ceder em qualquer das demandas que faziam. Os anciãos do norte saíram irritados da reunião. Ele proclamaram que o seu rei seria um dentre eles mesmos, chamado Jeroboão (que confusão de nomes parecidos!). A unção de Jeroboão e a consequente divisão da

nação marcaram o fim do Período do Reino Unificado. A divisão
reino ocorreu ao redor do ano **931 a.C.**

Quadro Resumido

E S C O L H E um rei	Período Nº 8 Período do Reino Unificado 1 Samuel 8 — 1 Reis 11 + 1 Crônicas + 2 Crônicas 1—9		D I V I S Ã O do reino
	Pessoas Principais	**Grandes Eventos**	
	Saul	Saul desobedece	
	Davi	A derrota de Golias	
		Davi em perigo	
		Davi é ungido	
		Davi comete adultério	
		Davi tem que fugir	
	Salomão	O Templo de Salomão	
1043 a.C.	**Duração** 112 anos		**931 a.C.**

Hora da Revisão

1. Quais são os quatro períodos da Era Patriarcal?
2. Quais são os quatro primeiros períodos da Era Mosaica?
3. De qual período são estes personagens?

   a. Gideão, Débora, Sansão
   b. Saul, Davi, Salomão
   c. Moisés, José
   d. Abraão, Isaque, Jacó
   e. Noé, Ninrode, Sem
   f. Josué, Calebe, Raabe
   g. Moisés, Miriã, Arão

4. Diga qual(is) período(s) durou(aram)...

   a. 215 anos
   b. 430 anos
   c. 40 anos
   d. 112 anos
   e. 325 anos

1. Primórdios, Dispersão, Peregrinação, Egípcio.
2. Deserto, Conquista, Juízes, Reino Unificado.
3. a. Juízes; b. Reino Unificado; c. Egípcio; d. Peregrinação; e. Dispersão; f. Conquista; g. Deserto.
4. a. Peregrinação; b. Egípcio; c. Deserto, Conquista; d. Reino Unificado; e. Juízes.

CAPÍTULO NOVE

PERÍODO DOS REINOS IRMÃOS

BRIGA DOS IRMÃOS

Depois da morte de Salomão, o grande reino forjado pelos esforços militares de Saul e Davi dividiu-se em dois reinos irmãos — Israel ao norte, Judá ao sul. Estes dois reinos passariam os dois séculos seguintes (ou a maior parte deles) brigando um com o outro. Este é um período difícil para o estudante da Bíblia porque há duas sequências de reis. Às vezes fica difícil acompanhar o material bíblico. O escritor ocupa-se da história de Israel por certo número de anos. Então, ele volta no tempo, retoma a história de Judá e avança no tempo com ela para além do ponto onde tinha parado com a de Israel. Daí, ele volta novamente à história de Israel onde tinha parado e continua com ela, passando do ponto onde a de Judá tinha parado. Seria uma situação comparável a uma pessoa caminhando, avançando primeiro com um pé, depois com o outro. O mesmo pode ser dito do caminhar da história bíblica através do Período dos Reinos Irmãos.

A história do Período dos Reinos Irmãos (ou Monarquia Dividida) está registrada de **1 Reis 12** até **2 Reis 17**. Este material encontra-se ampliado em **2 Crônicas 10—29**. Assim, quarenta e oito capítulos tratam da Monarquia Dividida.

Duração

A separação que se seguiu ao reinado de Davi–Salomão ocorreu ao redor do ano 931 a.C. O Período dos Reinos Irmãos terminou quando a cidade de Samaria, capital do Reino do Norte, foi capturada pelos assírios em 723 a.C. Muitos dos cidadãos das tribos do norte foram realocados a lugares distantes no Império Assírio. Aqueles que ficaram no que era o território do antigo reino foram aos poucos se casando com gentios; é daí que vêm os samaritanos dos tempos do Novo Testamento. Portanto, o Período dos Reinos Irmãos durou cerca de **208 anos.**

Tema Escriturístico

"Quando todo o Israel viu que o rei se recusava a ouvi-los, respondeu ao rei: 'Que temos em comum com Davi? Que temos em comum com o filho de Jessé? Para as suas tendas, ó Israel! Cuide da sua própria casa, ó Davi!' E assim os israelitas foram para as suas casas" (1 Reis 12:16). As tribos do norte — chamadas Israel ou Efraim — pararam de prestar lealdade à casa de Davi. E foi assim que o reino outrora unificado, governado por Davi e Salomão por 73 anos, fragmentou-se em dois reinos menores.

Pessoas Principais

Durante o decorrer de sua história, o Reino do Norte (Israel) teve dezenove reis, de nove dinastia diferentes. Durante esse mesmo período de tempo, o Reino do Sul (Judá) teve onze regentes. Ao longo destes dois séculos do Período dos Reinos Irmãos, dez indivíduos desempenharam papéis fundamentais. Eles podem ser separados em duas categorias, para facilitar a memorização.

Três reis do Norte

Jeroboão foi o primeiro dos reis do Norte. Ele instituiu uma religião nacional para rivalizar com o Templo em Jerusalém.

Acabe foi o sétimo rei do Norte. Ele permitiu a prática da religião de Baal junto com a religião oficial, de bezerros de ouro.

Jeú foi décimo rei do Norte. Ele deu início a uma grande investida contra a adoração a Baal. Jeú foi implacável em eliminar da influência de Jezabel.

Duas rainhas más

Jezabel era uma princesa e uma adoradora devota do deus Baal, que se casou com Acabe. Ela trouxe consigo um batalhão de falsos profetas com a intenção de fazer da adoração de Baal a religião oficial do Reino do Norte. Ela deu início a uma perseguição contra os profetas do SENHOR. Cruel e ardilosa, Jezabel não deixava que ninguém se colocasse em seu caminho. Depois da morte de Acabe, Jezabel continuou a exercer influência por meio de seus dois filhos que se sucederam a Acabe no trono. Sua filha também se tornou regente do Reino do Sul.

Atalia era a filha de Jezabel. "Filha de Jezabel" realmente é uma expressão que a descreve bem, pois ela foi ainda mais cruel do que sua mãe. Quando o rei e filho de Atalia foi morto, ela apoderou-se do trono de Judá assassinando todos os membros homens da família real. Se não fosse por um menino descendente de Davi que fora mantido a salvo no Templo, a linhagem de Davi teria sido totalmente apagada. Depois de sete anos de terror, Atalia foi morta. O rei legítimo foi então levado ao trono.

Dois profetas do Norte

A resposta de Deus à influência de Jezabel e à incursão do culto a Baal em Israel foi levantar dois profetas de "*Eli*-te".

Elias foi um profeta poderoso, levantado em meio à perseguição aos profetas de Deus. Ele desafiou os profetas de Baal a um confronto final no Monte Carmelo. Elias fora famoso por ter feito muitos milagres. Ele foi o fundador de escolas de profetas. Elias foi separado de Eliseu por uma carruagem de fogo e levado ao céu num redemoinho (2 Reis 2).

Eliseu foi o ajudante e sucessor de Elias. Ele fez três milagres comparáveis aos de seu mentor.

Três reis do Sul: Cada um destes três regentes realizou uma reforma em pelo menos uma parte de seu reino. A Escritura os considera, de forma geral, como bons reis.

Asa foi o terceiro rei do Sul. Ele varreu os ídolos de Jerusalém, até mesmo o ídolo de sua própria avó. Asa teve uma vitória esmagadora sobre o exército etíope. Mas a fé de Asa enfraqueceu quando ele ficou velho. Ele teve uma doença nos pés, e sua falta foi não ter clamado ao Senhor (1 Reis 15).

Josafá foi o quarto rei do Sul. Ele deu continuidade às reformas de seu pai Asa. O erro básico de Josafá foi fazer alianças com os reis maus do Reino do Norte. Um aspecto positivo foi que ele realizou reformas nos sistemas educacional e jurídico de Judá. Por duas vezes, Josafá quase morreu em guerras enquanto ajudava os reis do Norte. O maior erro de Josafá foi fazer da filha de Jezabel esposa do seu filho.

Joás subiu ao trono quando menino. Ele foi orientado na juventude por um sacerdote idoso. Joás contornou as condições religiosas de então para que o povo reunisse recursos para reparar o Templo. Ele colocou um cofre no Templo para recolher ofertas. Depois que seu mentor morreu, Joás se endureceu. Ele se recusou a ouvir os profetas de Deus. Um profeta (filho de seu antigo mentor) foi morto no Templo segundo ordens do rei. Joás deu vasos do Templo a um invasor estrangeiro para evitar um ataque. Ele foi assassinado por alguns de seus oficiais (2 Reis 11—12).

Grandes Eventos

Cinco grandes eventos foram de impacto significativo durante o Período dos Reinos Irmãos:

- **Religião de culto aos bezerros**
- **O confronto no Carmelo**
- **A revolução de Jeú**
- **Avivamentos no Sul**
- **Ataque à casa de Davi**

Religião rival (1 Reis 12). Jeroboão I, o primeiro rei do Norte, pensou que não deveria deixar seus súditos viajarem para Jerusalém para participarem dos festivais no Templo. Ele decidiu estabelecer um sistema religioso rival. Foram construídos templos em duas localidades, para tornar o novo culto mais conveniente. O sacerdócio era aberto para qualquer um que quisesse se oferecer. O rei designou a si mesmo como sumo sacerdote. Bezerros de ouro foram feitos. Originalmente, os bezerros não eram considerados representações de Deus; ele provavelmente eram tidos como animais sagrados sobre os quais o Deus invisível montava. (A maioria dos deuses daquela época tinha algum tipo de animal sagrado por montaria.) Conforme o tempo passou, porém, os bezerros de ouro passaram a ser adorados como ídolos. Essa falsa religião continuou a prosperar no Norte até o dia em que o próprio reino deixou de existir. Até lá, conforme o tempo passava, mais e mais práticas pagãs foram sendo incorporadas a esse culto.

Confronto no Carmelo (1 Reis 18). Durante o reinado de Acabe e Jezabel, Elias desafiou os profetas de Baal a um confronto definitivo no Monte Carmelo. Quatrocentos dos profetas de Baal apareceram, junto com o rei e mais uma multidão de pessoas. Elias propôs que os tais profetas construíssem um altar, preparassem um sacrifício para Baal (o deus que controlava o clima) e orassem para que ele mandasse fogo sobre o altar. Os profetas de Baal prontamente aceitaram o desafio. Eles fizeram e repetiram seus rituais ao redor do seu altar horas, enquanto Elias os provocava sarcástico. Os profetas de Baal entoaram cânticos, andaram e giraram ao redor do altar, até cortaram a própria pele — e Baal não respondeu. Às três da tarde, eles estavam exaustos.

Elias construiu um altar simples, com doze pedras (representando as doze tribos) e preparou seu sacrifício. Depois, ele encharcou o sacrifício e o altar com água várias vezes. E então, fez uma oração simples. Deus respondeu com fogo, que consumiu o sacrifício e a água ao redor. As multidões então juraram fidelidade ao SENHOR. Elias, por sua vez, ordenou que os profetas de Baal fossem mortos, conforme estipulado na Lei de Deus a respeito dos falsos profetas. Depois, Elias subiu ao topo do Carmelo e orou fervorosamente por chuva. Não demorou muito para que chovesse novamente na região.

A revolução de Jeú (2 Reis 9—11). A campanha contra Jezabel e sua promoção do paganismo atingiu seu ápice quando um profeta de Deus ungiu a Jeú, general do exército, como rei. Jeú partiu do posto militar onde estava e retornou para a capital. Ele contou com o total apoio do exército para ascender ao trono. Por coincidência, o rei de Judá, que era sobrinho do rei de Israel, estava de visita. Quando ambos os reis foram ao seu encontro e tentaram atacá-lo, Jeú matou os dois. De lá, ele partiu para o palácio onde ele ordenou que Jezabel fosse jogada da janela. Jeú extravasou seu ódio por essa mulher atropelando o cadáver dela com seus cavalos. Em seguida, Jeú planejou a execução de setenta outros familiares de Acabe, quarenta e dois príncipes de Judá que estavam vindo para se aliar contra Jeú, e todos os adoradores de Baal. Embora Jeú fosse zeloso para com o SENHOR, ele desempenhou o seu serviço de modo errôneo. O fim não pode justificar os meios. Esta revolução no Norte aconteceu no ano 841 a.C.

Reavivamentos no Sul (2 Crônicas 14). Conforme dito anteriormente, tanto Asa quanto Josafá lideraram movimentos reformadores no Sul. Estas ações envolveram a remoção de ídolos pagãos, a limpeza do Templo e que o povo renovasse seu comprometimento com o SENHOR.

Ataque contra a casa de Davi (2 Crônicas 28). Este deve ser um evento importante, visto que ele aparece não só em Reis e Crônicas, mas também no livro de Isaías. Acaz era rei de Judá nesta época. Ele não era um bom rei, mas era o representante legítimo da casa de Davi. Dois reinos vizinhos (Síria e Israel) juntaram forças para atacar Acaz. Esta não era uma invasão por espólios ou para expandir território; o objetivo era tirar Acaz do trono e substituí-lo por um rei que cooperasse com os reinos da região na oposição à Assíria, que era uma nova ameaça no cenário. Deus protegeu Acaz, não porque ele merecesse, mas por causa das promessas que tinha feito há tempos atrás a Davi. A invasão foi um fiasco. Foi na época desta invasão que uma das maiores profecias sobre o Cristo foi emitida. Leia-a em Isaías 7:14.

Grandes Milagres

Depois dos dias de Moisés, os milagres não foram coisa que se via muito na história de Israel. Isso mudou no Período dos Reinos Irmãos. Por um total de aproximadamente quarenta anos, o poder divino jorrou por meio dos profetas Elias e Eliseu. Aqui vai uma lista parcial dos milagres deles:

Multiplicação de alimento (1 Reis 17:15s; 2 Reis 4:1—7, 42—44)
Ressurreições (1 Reis 17:19-21; 2 Reis 4)
Fogo dos céus (1 Reis 18:38; 2 Reis 1)
"Arrebatamento" de Elias (2 Reis 2)
Águas se partem (2 Reis 2)
Água é purificada (2 Reis 2:21s)
Comida é purificada (2 Reis 4:38-40)
Produção de curas (2 Reis 5)
O machado que flutuou (2 Reis 6:1-6)
Produção de ferimentos (2 Reis 5:26-27; 6:18-23)

A Mensagem de Deus

Assim como no período anterior, mais uma vez houve um irrupção de revelação divina durante o Período dos Reinos Irmãos. Pelo menos nove profetas são citados por nome nos registros históricos. Além deles, houve muitos outros profetas anônimos. Seis grandes profetas que escreveram livros inteiros da Bíblia também tiveram sua atividade durante este período. Foram eles:

- **Obadias:** *O Profeta da Condenação de Edom*
- **Joel:** *O Profeta do Pentecoste*
- **Jonas:** *O Profeta Preconceituoso*
- **Amós:** *O Profeta da Linha de Prumo*
- **Oseias:** *O Profeta da Compaixão de Deus*
- **Isaías:** *O Profeta do Evangelho*

Aplicação Cristã

Jesus fez menção a eventos do Período dos Reinos Irmãos para expor o preconceito de judeus.

Digo-lhes a verdade: Nenhum profeta é aceito em sua terra. Asseguro-lhes que havia muitas viúvas em Israel no tempo de Elias, quando o céu foi fechado por três anos e meio, e houve uma grande fome em toda a terra. Contudo, Elias não foi enviado a nenhuma delas, senão a uma viúva de Sarepta, na região de Sidom. Também havia muitos leprosos em Israel no tempo de Eliseu, o profeta; todavia, nenhum deles foi purificado — somente Naamã, o sírio (**Lucas 4:24-27**).

Para outra aplicação cristã de eventos no Período dos Reinos Irmãos, veja Tiago 5:17–18.

Evento Divisor de Águas (2 Reis 17)

Dos anos 745 a 723 a.C., o pequeno Reino do Norte tentou manter-se independente do Império Assírio, em constante expansão. Alguns reis pagaram tributos aos assírios; outros resistiram e sofreram ataques. Milhares de israelitas foram deportados e reassentados em terras distantes. Finalmente, a capital do Reino do Norte caiu diante dos assírios. O que fora o Reino do Norte tornou-se uma província do Império Assírio. A **queda de Samaria em 723 a.C.** assinala o fim do Período dos Reinos Irmãos.

Quadro Resumido

D I V I S Ã O do reino	Período Nº 9 **Período dos Reinos Irmãos** 1 Reis 12 — 2 Reis 17 + 2 Crônicas		D E S T R U I Ç Ã O de Samaria
	Pessoas Principais	**Grandes Eventos**	
	Jeroboão	Culto pagão instituído	
	Acabe	Desafio no Carmelo	
	Jeú	Revolta de Jeú	
	Elias	Reavivamentos	
	Eliseu	Ataque à casa de Davi	
	Asa		
	Josafá		
	Joás		
	Jezabel		
	Atalia		
931 a.C.	**Duração** 208 anos		723 a.C.

Capítulo Dez

Período Assírio
À Beira da Destruição

O Reino de Judá sobreviveu à destruição do Reino do Norte. Pela maior parte do tempo do Período Assírio, Judá foi um estado-vassalo do Império Assírio. Os assírios exigiam tributos exorbitantes. Eles também exigiam o reconhecimento formal de seus ídolos pagãos. Foram tempos difíceis para o povo de Deus. Houve, todavia, dois movimentos de reforma durante este período. Podemos ler o que se passou durante o Período Assírio na história bíblica em **2 Reis 18—23**. Este material encontra-se repetido e suplementado em **2 Crônicas 30—36**. Assim, treze capítulos acham-se dedicados ao Período Assírio.

Duração

O Período Assírio começa com a conquista da Samaria pelo rei assírio Salmaneser em **723 a.C.** Este período se conclui com a Batalha de Carquemis em **605 a.C.** Isto significa que o Período Assírio durou **118 anos**.

Pela duração daquele século, o mundo testemunhou o avanço impiedoso do poderio assírio. Fazendo uso da violência, intimidação e sua força militar, os assírios construíram um império como o mundo jamais tinha antes visto. Os grandes reis da Assíria dominaram a região desde o Golfo Pérsico até as fronteiras mais ao sul do Egito. Os assírios, no entanto, se provaram melhores em criar um império do que em administrá-lo. Nos anos finais do Período Assírio, a poderosa besta assíria era quase inofensiva.

Tema Escriturístico

A predição a seguir feita pelo profeta Isaías antecipa a invasão assíria a Judá. "O Senhor trará o rei da Assíria sobre você e sobre o seu povo e sobre a descendência de seu pai. Serão dias como nunca houve, desde que Efraim se separou de Judá" (Isaías 7:17). Esta profecia foi pronunciada por Isaías em 734 a.C., onze anos antes que os assírios destruíssem Samaria, a capital do Reino do Norte. A profecia foi cumprida em 701 a.C., quando o poderoso rei Senaqueribe sitiou Jerusalém.

Pessoas Principais

Seis personagens têm proeminência durante o Período Assírio. Podemos organizá-los em três pares.

Dois reis bons

Ezequias foi o maior rei desde Davi em termos da sua grande fé (2 Reis 18:5). Ele empreendeu uma grande reforma. A vida de Ezequias foi estendida em quinze anos adicionais para que ele pudesse conduzir o povo em meio à crise da invasão assíria em 701 a.C.

Josias foi o maior rei desde Davi em termos das suas obras (2 Reis 23:25). Foi dele o último dos esforços em fazer Israel voltar-se para Deus. Um rolo (livro) perdido da Escritura foi encontrado durante seu reinado. Josias morreu tentando resistir ao exército egípcio que invadia sua terra em marcha.

Dois grandes profetas

Isaías, em atividade desde o tempo do Período dos Reinos Irmãos, continuou com o seu ministério. Ele foi o conselheiro espiritual que auxiliou Ezequias durante a invasão assíria em 701 a.C. Conforme a tradição, Isaías teria morrido como mártir, sendo serrado ao meio. O livro de Isaías tem sessenta e seis capítulos, e está cheio de profecias sobre a vinda de Cristo.

Jeremias teve muita proeminência durante o reinado de Josias. Ele o ajudou durante a grande reforma deste rei. Debaixo dos sucessores de Josias, porém, ele sofreu muitas perseguições por causa da sua mensagem. Jeremias se tornou a figura dominante em Judá por quatro décadas. O livro de Jeremias compõe-se de cinquenta e dois capítulos, contendo sermões poderosos e narrativas incríveis sobre como este profeta lutou para que o povo de Judá se mantivesse fiel ao SENHOR.

Dois tiranos

Senaqueribe foi o grande rei assírio que invadiu Judá no ano 701 a.C. Temos nos monumentos erguidos por ele os registros desta invasão. Toda a Judá e os reinos vizinhos caíram diante dele. Em Jerusalém, no entanto, Ezequias resistiu, encorajado pelo profeta Isaías.

Manassés foi o pior dos reis de Judá, embora tenha também tenha sido o que reinou por mais tempo (55 anos). Mais adiante em seu reinado, Manassés ofendeu ao seu mestre assírio. Ele foi deportado para Babilônia acorrentado. Lá, ele se arrependeu. E Deus lhe restaurou o trono. Manassés passou os últimos anos de sua vida tentando desfazer a bagunça que fizera quando jovem.

Grandes Eventos

Estes foram os cinco maiores eventos que ocorreram no Período Assírio:

- **O reavivamento de Ezequias**
- **A invasão dos assírios**
- **A apostasia de Manassés**
- **O reavivamento de Josias**
- **A queda de Nínive**

Reavivamento de Ezqueias (2 Crônicas 29—31). A primeira providência de Ezequias logo que se tornou rei foi abrir as portas do Templo e consertá-las (2 Crônicas 29:3). Esta ação sinalizou o início de uma das maiores e mais amplas reformas religiosas já feitas até então. Santuários pagãos foram demolidos, ídolos foram queimados.

Esse reavivamento nacional culminou numa colossal celebração da Páscoa. Ao final da semana determinada, o povo contava com tamanho ânimo espiritual que prolongaram a celebração por mais sete dias. Até mesmo alguns antigos cidadãos do Reino do Norte vieram a Jerusalém juntar-se às festividades. Visto que os assírios exigiam que os estados-vassalos aceitassem seus ídolos pagãos, as ações de Ezequias eram politicamente perigosas. Ele sabia que haveria retaliação dos assírios assim que eles pudessem fazê-lo.

Invasão (2 Reis 18—19). A retaliação temida aconteceu quando Senaqueribe invadiu a pequena Judá com um exército enorme. Ele capturou todas as cidades periféricas de Judá e prendeu Ezequias "como um pássaro numa gaiola" em Jerusalém, nas palavras do próprio rei assírio. Ezequias recebeu de Senaqueribe uma carta exigindo a rendição completa. Ele levou a carta ao Templo, estendeu-a perante o Senhor e fez uma oração. O profeta Isaías ficou firme como uma rocha durante a crise. Por duas vezes, ele enviou palavras de encorajamento a Ezequias, com a promessa de que os assírios nunca mais atirariam uma flecha sequer contra Jerusalém. O anjo do Senhor entrou no acampamento assírio e dizimou aquele exército poderoso. Senaqueribe foi forçado a bater em retirada para sua própria terra.

Apostasia (2 Reis 21). Judá caiu novamente na órbita dos estados-vassalos da Assíria, depois do breve interlúdio de independência sob o rei Ezequias. Já com o rei Manassés no comando, o paganismo e a feitiçaria não só foram tolerados, mas ativamente promovidos por este rei. Altares pagãos foram erguidos no pátio do Templo do Senhor. Lemos na Escritura: "Manassés os desviou, ao ponto de fazerem pior do que as nações que o Senhor havia destruído diante dos israelitas." (2 Reis 21:9). Como se não bastasse, Manassés encheu as ruas de Jerusalém, de ponta a ponta, com sangue inocente. Esta pode ser uma referência ao sacrifício de crianças; pode também referir-se à execução de qualquer um que se opusesse às políticas do rei. Por causa dos pecados de Manassés, Deus anunciou que Jerusalém tinha que ser destruída.

Reavivamento de Josias (2 Crônicas 34—35). Quando o neto de Manassés, Josias, foi levado ao trono ainda menino, houve uma melhora temporária na situação em Jerusalém. Josias, com muito cuidado e cautela, começou a instituir reformas religiosas, atento a qualquer sinal de retaliação dos assírios. As primeiros, pequenos passos de reforma foram fortalecidos pela pregação de Jeremias e pela descoberta de um livro da Lei de Deus há muito perdido. Ironicamente, a Escritura perdida foi encontrada numa das câmaras anexas do Templo. As reformas reais aceleraram-se. Como aconteceu nas reformas anteriores de Ezequias, a de Josias culminou numa grande celebração de Páscoa. Desde os dias de Samuel não havia uma celebração da Páscoa como esta.

Queda de Ninive (Naum 1—3). O último grande rei assírio foi Assurbanípal. Quando ele morreu em 627 a.C., uma guerra civil irrompeu entre os filhos rivais. (Repare que a data da morte do último grande rei assírio coincide com a data do chamado do profeta Jeremias.) Assim começava o declínio desse grande império. Mesmo no apogeu assírio, Isaías já havia predito o juízo divino sobre os assírios impiedosos. O profeta Naum descreve de forma dramática a queda da poderosa Nínive, a capital do império, diante de conquistadores estrangeiros. A destruição profetizada veio a acontecer em 612 a.C. Sobreviventes da família real assíria ainda tentaram manter um pouco da aparência do antigo império em outras cidades. Estava bem claro para quem quisesse ver, no entanto, que a nova potência chamava-se Babilônia.

Grandes Milagres

Os milagres no Período Assírio foram poucos, porém dramáticos. Ezequias teve uma recuperação miraculosa de uma doença terminal. Isaías previu que o rei viveria por mais quinze anos. Houve um sinal para fortalecer a fé de Ezequias: a sombra projetada pelo sol na escadaria recuou dez degraus (2 Reis 20:1–11). O extermínio miraculoso de um número gigantesco de soldados assírios salvou Jerusalém do ataque (2 Reis 19:35–36).

A Mensagem de Deus

As revelações divinas continuaram a fluir por meio dos profetas continuou no Período Assírio. Além dos dois profetas que foram personagens fundamentais (**Isaías** e **Jeremias**), quatro outros profetas deste período contribuíram escrevendo livros bíblicos. São eles:

- **Miqueias:** *Profeta do Salvador de Belém*
- **Naum:** *Profeta da Condenação de Nínive*
- **Sofonias:** *Profeta da Ira de Deus*
- **Habacuque:** *Profeta da Fé*

Estes profetas anteviram a queda da Assíria, a ascensão da Babilônia, o exílio do povo de Judá e seu retorno do cativeiro babilônico. Eles também previram que o reino de Deus seria estabelecido nos últimos dias.

Aplicação Cristã

"Por esta razão eles não podiam crer, porque, como disse Isaías noutro lugar: 'Cegou os seus olhos e endureceu-lhes o coração, para que não vejam com os olhos nem entendam com o coração, nem se convertam, e eu os cure'". Isaías disse isso porque viu a glória de Jesus e falou sobre ele. (João 12:39–41).

O apóstolo João atribui a Isaías visão profética. Isaías é chamado de "Profeta do Evangelho" por causa das suas muitas predições sobre Cristo e seu reino. O mesmo pode ser dito sobre o profeta Miqueias, que viveu na mesma época que Isaías.

Evento Divisor de Águas (2 Reis 24)

Depois da queda de Nínive em 612 a.C., o Império Assíro estava em pedaços. Os egípcios estavam atentos à alteração no poder. Embora eles não gostassem muito dos assírios, eles sabiam que precisavam dar apoio ao remanescente do Império Assírio para conseguirem manter a Babilônia em xeque. O Faraó Neco levou um exército rumo ao norte em 609 a.C. Ele se dirigiu ao Rio Eufrates, para ajudar os assírios que estavam resistindo aos ataques dos babilônios.

Por mais de três anos houve um impasse entre as forças egípcia e assíria de um lado, e os babilônios do outro. Até que, afinal, os dois grandes exércitos enfrentaram-se frontalmente perto da cidade de Carquemis. Os aliados não tiveram a menor chance. Os babilônios esmagaram os exércitos de ambos. Os egípcios tentaram escapar para o sul, e os babilônios foram no seu encalço. A **Batalha de Carquemis**, em **605 a.C.**, marca essa troca de poder mundial. E assim chega ao fim o Império Assírio.

Quadro Resumido

D I V I S Ã O de Samaria	Período N° 10 Período Assírio 1 Reis 18—22 + 2 Crônicas 30—36		B A T A L H A de Carquemis
	Pessoas Principais	**Grandes Eventos**	
	Ezequias Isaías Manassés Josias Jeremias Senaqueribe	Reavivamento de Ezequias Invasão assíria Apostasia de Manassés Reavivamento de Josias Queda de Nínive	
723 a.C.	**Duração** 118 anos		605 a.C.

Hora da Revisão

1. Quais são os quatro períodos da Era Patriarcal?
2. Quais são os quatro primeiros períodos da Era Mosaica?
3. Em qual período você situaria...

   a. Abraão
   b. Eva
   c. Josué
   c. Josué
   d. Moisés
   e. Salomão
   f. Sansão
   g. Ezequias
   h. Jezabel

4. Quem foi um personagem fundamental que viveu...

   a. ao redor do ano 2000 a.C.?
   b. ao redor do ano 1400 a.C.?
   c. ao redor do ano 1000 a.C.?

CAPÍTULO ONZE

PERÍODO BABILÔNICO
DEPORTAÇÃO E DESOLAÇÃO

Por vários anos, Jeremias vinha alertando a Judá que do norte viria um inimigo. Habacuque também havia indicado que Deus traria os ímpios caldeus contra Judá para punir a nação. Pouco depois da Batalha de Carquemis em 605 a.C., ficou claro que essas não eram ameaças vazias.

A perseguição às forças egípcias que fugiam para o sul trouxe o exército babilônico para Jerusalém. Agora quem reinava era Jeoaquim, filho de Josias. Ele foi acorrentado para ser deportado para a Babilônia (2 Crônicas 36:6). Por alguma razão, o rei babilônico Nabucodonosor decidiu deixar Jeoaquim no trono. O rei de Judá foi forçado a jurar aliar-se aos conquistadores. Membros da família real foram deportados para a Babilônia como reféns. Entre eles, Daniel, Sadraque, Mesaque e Abede-Nego.

A informação histórica concernente ao Período Babilônico precisa ser reunida a partir de **trechos de 2 Reis 24** e dos livros de **Daniel, Jeremias e Ezequiel.**

Duração

O Período Babilônico teve início com a Batalha de Carquemis em 605 a.C. Nessa batalha, Nabucodonosor tornou-se o mandatário do mundo. Seu reinado de quarenta e sete anos foi um período de glorioso para a Babilônia. Não apenas um brilhante estrategista militar, Nabucodono-sor foi também um grande construtor. Depois da sua morte, porém, o

Império Babilônico deteriorou-se rapidamente. No ano 539 a.C., o rei persa Ciro conquistou a Babilônia praticamente sem batalha alguma. Assim, o Período Babilônico durou de 605 a 539 a.C., ou **67 anos**.

Tema Escriturístico

> Assim diz o Senhor dos Exércitos, o Deus de Israel, a todos os exilados, que deportei de Jerusalém para a Babilônia: "Construam casas e habitem nelas; plantem jardins e comam de seus frutos... "... Quando se completarem os setenta anos da Babilônia, eu cumprirei a minha promessa em favor de vocês, de trazê-los de volta para este lugar" (Jeremias 29:4, 5, 10).

Estas palavras foram parte de uma carta enviada por Jeremias aos judeus que estavam em cativeiro na Babilônia. Falsos profetas vinham dizendo a eles que o cativeiro não duraria muito mais tempo. Jeremias, no entanto, advertiu aos cativos para que se estabelecessem na Babilônia. Eles iriam ficar lá por setenta anos. Somente depois de sete décadas com a Babilônia no poder é que os judeus poderiam voltar à Palestina.

Pessoas Principais

Quatro grandes personagens se sobressaem no Período Babilônico. Eles podem ser agrupados nas duas categorias a seguir:

Profetas bíblicos

Daniel foi levado à Babilônia como refém no começo do Período Babilônico. Uma vez lá, ele foi escolhido para ser treinado nas academias reais (Daniel 1). Ele serviu na administração de Nabucodonosor. Durante esse tempo, Daniel começou a usar seu dom de interpretação de sonhos (Daniel 2, 4). Já um homem de mais idade, Daniel reaparece nos últimos dias da Babilônia para interpretar algumas inscrições misteriosas na parede do palácio do rei (Daniel 5).

Ezequiel chega à Babilônia oito anos depois de Daniel. Ele pregou a milhares de judeus na Babilônia que estavam desanimados e com saudades de sua terra. Ezequiel era conhecido pela forma dramática como se comportava para ilustrar seus sermões. Por exemplo, certa feita ele raspou todo o seu cabelo em público. Ele então usou o cabelo para ilustrar o que haveria de acontecer aos judeus que ainda estavam morando lá em Jerusalém.

Reis babilônicos

Nabucodonosor iniciou sua carreira como líder do exército. Quando seu pai morreu, ele se tornou o rei. Ele governou por quarenta e sete anos. Uma de suas maiores realizações foram os Jardins Suspensos da Babilônia, uma das sete maravilhas do mundo antigo. Na Bíblia, Nabucodonosor teve dois sonhos que lhe revelaram seu futuro e o futuro do mundo (Daniel 2, 4). Daniel interpretou os sonhos para o rei. Deus humilhou Nabucodonosor quando, por sete anos, ele viveu como e com os animais, comendo capim como um boi (Daniel 4).

Belsazar era o governante da Babilônia quando a cidade foi tomada. Deus revelou ao rei e aos convidados no seu banquete que a cidade estava prestes a ser entregue nas mãos dos persas. Daniel foi convocado de volta à ativa para ler a predição misteriosa que inscreveu-se na parede do palácio (Daniel 5). Belsazar foi morto na noite em que o exército de Ciro tomava a Babilônia.

Grandes Eventos

Cinco grandes eventos aconteceram durante o Período Babilônico.

- **Os judeus são deportados**
- **Ezequiel é chamado**
- **Jeremias é perseguido**
- **Jerusalém é destruída**
- **Nabucodonosor é humilhado**

Deportação (2 Reis 24:12–17). Depois de três anos, o rei Jeoaquim quebrou o juramento feito a Nabucodonosor e rebelou-se contra ele. Quando Nabucodonosor afinal chegou a Jerusalém para puni-lo, Jeoaquim já tinha morrido. Quem estava no trono era o filho de 18 anos de Jeoaquim, chamado Joaquim (atenção aos nomes parecidos). O jovem rei resistiu a Nabucodonosor por cerca de três meses. Foi aí que ele decidiu se render. O rei Joaquim foi deportado para a Babilônia junto com 10 mil cidadãos de Jerusalém, em correntes. Entre estes cativos estava Ezequiel. Nabucodonosor também levou consigo muitos dos utensílios de ouro do Templo. Ele os colocou no templo do seu próprio deus, como troféus do triunfo sobre o Deus dos judeus.

Chamado (Ezequiel 1–3). Depois de cinco anos passados na Babilônia, Ezequiel foi chamado por Deus para ser seu porta-voz para os cativos lá. Seu chamado foi o mais dramático em toda a Bíblia. Ezequiel teve uma visão de um trono transportado por quatro criaturas, que tinham quatro asas e quatro faces. Ele teve uma visão de Deus (lembra-se da palavra *teofania*?), que estava assentado nesse trono. Deus entregou um rolo a Ezequiel e disse-lhe para comê-lo. (Os profetas faziam coisas estranhas nos sonhos e visões.) O rolo representava a mensagem de Deus aos judeus na Babilônia.

Perseguição (Jeremias 26–38). Durante os últimos vinte anos do seu ministério, Jeremias foi alvo de intensa perseguição dos regentes de Jerusalém e das lideranças religiosas. Os vizinhos dele tramaram contra sua vida em sua própria cidade, e mais tarde, também as autoridades. O profeta foi espancado, jogado em prisões subterrâneas, deixado num poço para morrer. Durante os meses do cerco babilônico a Jerusalém, Jeremias ficou confinado à área da guarda real. Ele viveu todos os três anos do cerco a Jerusalém. Depois que a cidade foi destruída, Jeremias foi sequestrado pelo seu próprio povo e forçado a ir para o Egito.

Destruição de Jerusalém (2 Reis 25). O último rei judeu do Antigo Testamento foi Zedequias, o terceiro filho de Josias a ocupar o trono. Perto do final de seu reinado de onze anos, ele rebelou-se contra Nabucodonosor. Em resposta, o exército babilônico veio com força total a Jerusalém. Os babilônios venceram as muralhas e capturaram Zedequias. O exército destruiu a cidade e queimou tudo. Então, mais judeus foram deportados para a Babilônia, juntando-se aos que já estavam lá. Por muitos anos, Jerusalém ficou inabitada e em ruínas. Na história bíblica, esta importante data foi 586 a.C.

Humilhação de Nabucodonosor (Daniel 4). Visto que Nabucodonosor era um homem tão altivo, Deus decidiu humilhá-lo. Primeiro, revelou ao rei o que pretendia fazer-lhe, e Daniel interpretou o sonho para ele. Era a sua oportunidade de arrependimento. Ao final daquele ano, ele não mostrava sinal algum de humildade. Então, Deus fez com que o grande rei ficasse com a mentalidade de um bicho. Nabucodonosor passou sete anos literalmente comendo grama. Quando ele voltou seus olhos para os céus e reconheceu o Deus Vivo, sua sanidade lhe foi restaurada.

Grandes Milagres

Além das profecias impressionantes de Daniel (veja-se abaixo em *A Mensagem de Deus*), o livro de Daniel registra certo grande milagre que Deus fez entre os cativos durante o Período Babilônico. Este é o milagre na **fornalha em chamas** (Daniel 3). De forma geral, podemos dizer que, na Babilônia, os judeus tinham liberdade religiosa. Porém, houve uma ocasião em que o orgulhoso Nabucodonosor ordenou que todos os seus súditos adorassem a uma gigantesca imagem de ouro que ele ergueu. Três jovens hebreus — Sadraque, Mesaque e Abede-Nego — recusaram-se a obedecer à ordem real. Eles foram jogados vivos numa fornalha ardente. As chamas, no entanto, não os feriram. E ainda por cima, Nabucodonosor viu um quarto "homem" andando com eles no fogo. Era o SENHOR, junto a seus servos fiéis na hora da provação deles. Este incidente impressionou o rei babilônico com a grandeza do Deus dos judeus.

A Mensagem de Deus

Além das obras que levam os nomes dos profetas **Jeremias, Ezequiel** e **Daniel**, o livro das **Lamentações de Jeremias** também foi escrito durante o Período Babilônico. Este último nos dá o relato em poesia de alguém que foi testemunha ocular da destruição de Jerusalém por Nabucodonosor. É difícil isolar profecias específicas como sendo "a revelação mais importante" do período; mas aqui listaremos uma profecia de cada um destes três grandes profetas, que ilustram seus ministérios.

- **Jeremias e a profecia da nova aliança**
- **Ezequiel e a visão dos ossos secos**
- **Daniel e o império mundial**

Nova aliança (Jeremias 31:31– 32). Jeremias anteviu a Era Cristã, os dias da nova aliança. A nova aliança que Jeremias enxergou não era baseada em mandamentos gravados em pedra. Os mandamentos de Deus haveriam de ser gravados nos corações do seu povo. Jesus instituiu essa nova aliança quando morreu na cruz e ressurgiu dos mortos.

Ossos secos (Ezequiel 37). Ezequiel, numa certa visão, achou-se olhando para um vale cheio de ossos. Deus explicou que esses ossos representavam os israelitas no cativeiro. Como nação, eles achavam-se mortos, secos, desarticulados. Parecia que a situação estava sem esperança. E então... Ezequiel viu os ossos se juntarem, esqueletos se formarem. Ele viu carne e pele revestindo-os. Os corpos ergueram-se do chão. E Deus, soprou vida neles. Levantou-se um exército admirável. Deus explicou que a vida e a terra seriam restauradas a Israel. Poderemos ver o cumprimento dessas profecias no próximo período da história bíblica.

Impérios mundiais (Daniel 2, 7). A profecia sobre quatro impérios mundiais aparece em duas formas no livro de Daniel. No capítulo 2, temos uma estátua gigante, e os quatro impérios estão representados com a cabeça de ouro, o peitoral de prata, o abdômen de bronze e as pernas de ferro. No capítulo 7, os impérios são comparados a um leão com asas, um tipo estranho de urso, um leopardo de quatro cabeças, e finalmente uma besta monstruosa como animal nenhum na natureza. O primeiro império foi identificado como Babilônia. Os outros três impérios mundiais eram Pérsia, Grécia e Roma. Nos dias desses reis, Deus prepararia o seu próprio reino, um reino que duraria para sempre. Esse reino mostrado a Daniel é o de Cristo, e não é deste mundo. Na terra, este reino é representado pela igreja.

Aplicação Cristã

Jesus usou as predições de Daniel para avisar seus discípulos para fugirem de Jerusalém se não quisessem serem pegos no cerco romano à cidade. "Quando, pois, vocês virem, situado no lugar santo, o abominável da desolação de que falou o profeta Daniel [Daniel 9:27; 11:31; 12:11] (quem lê entenda), então os que estiverem na Judeia fujam para os montes" (Mateus 24:15–16). Os cristãos em Jerusalém deram ouvidos a este aviso de Jesus. O ataque inicial a dos romanos a Jerusalém foi repelido pelos judeus. Os cristãos aproveitaram a oportunidade para fugir da cidade. Milhares de judeus, porém, refugiaram-se por trás das muralhas enormes. Quando os romanos vieram outra vez em número ainda maior, arrasaram Jerusalém. A carnificina e as vidas perdidas foram inimagináveis. No entanto, não se sabe de nem um cristão sequer que tenha perdido sua vida no ano 70 d.C.

Evento Divisor de Águas (Daniel 5)

Depois da morte de Nabucodonosor em 562 a.C., uma série de regentes ineptos ocupou o trono na Babilônia. Até que, em 550 a.C., uma nova força veio chegando pelo leste. Ciro, o persa, havia começado sua marcha de conquista, que o levaria aos portões da Babilônia em outubro do ano 539 a.C. Usando de um estratagema para conseguir entrar na cidade, as tropas de Ciro dominaram a cidade, enfrentando resistência meramente simbólica dos defensores. Com a **queda da Babilônia no ano 539 a.C.**, o domínio babilônico sobre o mundo chega ao fim.

Quadro Resumido

B A T A L H A de Carquemis	Período Nº 11 **Período Babilônico** 2 Reis 24 + Daniel + Jeremias + Ezequiel		Q U E D A da Babilônia
	Pessoas Principais Daniel Ezequiel Nabucodonosor Belsazar	**Grandes Eventos** Os judeus são deportados Ezequiel é chamado Jeremias é perseguido Jerusalém é destruída Nabucodonosor é humilhado	
605 a.C.	**Duração** 67 anos		539 a.C.

CAPÍTULO DOZE

PERÍODO PERSA
RESTAURAÇÃO E RECONSTRUÇÃO

Os assírios e babilônios tentaram controlar os povos que sujeitavam por meio de intimidação, brutalidade e opressão religiosa. Os persas tinham um pensamento diferente. Sob o domínio persa, os povos em cativeiro tinham uma grande liberdade religiosa. O governo encorajava e até ajudava na reconstrução de santuários religiosos. Com o exílio babilônico chegando ao fim, era dada ao povo de Deus uma oportunidade de retornar à sua terra natal. É possível ler sobre o Período Persa (ou Pós-Exílico) nos livros de **Esdras — Neemias** e **Ester**. Trinta e três capítulos da Escritura são dedicados a este período.

Duração

O Período Persa começa com a conquista da Babilônia por Ciro, no ano 539 a.C. Em termos políticos, o Império Persa foi derrubado por Alexandre, o Grande, em 332 a.C. O registro da história bíblica, no entanto, se encerra no segundo termo de governo de Neemias, em 432 a.C. Esta é a última data concreta que temos da história do Antigo Testamento. Para acomodar os anos do segundo termo do governo de Neemias, nós vamos estender a duração do Período Persa até o ano 400 a.C. Então, arredondando as datas, o Período Persa se estende de 539 a 400 a.C. — são cerca de **139 anos**.

Tema Escriturístico

"Esta é a lista dos homens da província que Nabucodonosor, rei da Babilônia, tinha levado prisioneiros para a Babilônia. Eles voltaram para Jerusalém e Judá, cada um para a sua própria cidade" (Esdras 2:1). Este versículo encapsula a essência do que estava se passando durante o período derradeiro na história do Antigo Testamento. Foi permitido aos exilados judeus voltar para casa para reconstruírem sua terra. Ao longo de todo este período, aos poucos as pessoas que estiveram em cativeiro foram voltando; todavia, duas migrações de cativos de grandes escala foram registradas.

Pessoas Principais

Quatro dos cinco reis persas que reinaram entre 539 e 432 a.C. são mencionados nas Escrituras: Ciro, Dario, Xerxes (ou Assuero) e Artaxerxes. Foram três os grandes inimigos dos judeus que surgiram neste período: na Pérsia, Hamã; e na Palestina, Sambalate e Tobias. Também foram três os grandes profetas de Deus que atuaram no Período Persa: Ageu, Zacarias e Malaquias. Todavia, a ação neste período gira em torno de cinco personagens principais:

- **Zorobabel**, o governador
- **Jesua**, o sumo sacerdote
- **Ester**, a rainha
- **Esdras**, o escriba
- **Neemias**, o construtor

Um governador. O primeiro contingente de judeus a retornar da Babilônia para a Judeia foi liderado por Zorobabel. Ele era descendente de Davi. Talvez tenha sido esta a razão que levou os persas a designarem-no para ser o primeiro governador da província persa da Judeia. Zorobabel foi um grande homem de fé. Enquanto líder, ele foi encorajado pelos profetas Ageu e Zacarias. A realização mais memorável da liderança de Zorobabel foi a reconstrução do Templo de Jerusalém, completada no ano 516 a.C.

Um sumo sacerdote. O primeiro sumo sacerdote depois do retorno do Exílio chamava-se **Jesua** (em algumas versões, Josué). Ageu e Zacarias tiveram mensagens especiais para comunicar a este tal Josué. O sumo sacerdote Jesua, é considerado como alguém que prefigurou Cristo, nosso supremo sacerdote.

Uma rainha. Uma jovem judia chamada Ester foi selecionada para ser a rainha do Império Persa durante os dias do rei Assuero (ou Xerxes). Ela foi capaz de usar sua influência junto ao rei para impedir um plano malvado para eliminar os judeus em todo o império. As escrituras hebraicas não falam da religiosidade dela, no entanto, fica nas entrelinhas que foi Deus que a colocou numa posição elevada, a fim de que ela pudesse salvar seu povo do extermínio.

Um escriba. Esdras foi um escriba, um erudito; e era também um sacerdote. Ele foi designado para supervisionar as questões dos judeus dentro de uma grande região do Império Persa. Ele descobriu que alguns homens judeus tinham se casado com estrangeiras, e essas esposas adoravam ídolos. Esdras enfrentou esse problema de frente. Ao que parece, Esdras também tentou reconstruir as muralhas de Jerusalém (Esdras 4:6–23). Acontece que ele não tinha a autorização para tal. Inimigos dos judeus foram avisar o rei. Por sua vez, o rei emitiu um decreto que permitiu a esses inimigos destruir o trabalho que havia sido feito nas muralhas. Muitos dos judeus perderam a confiança em Esdras.

Um construtor. Neemias era copeiro do rei persa. Em 445 a.C., o rei permitiu a Neemias retornar à Judeia como governador. Ele tinha um mandado para reconstruir as muralhas de Jerusalém. Apesar de oposição intensa, Neemias teve sucesso em reerguer as muralhas. Ele conclamou cidadãos para que repopulassem a cidade. Passados treze anos, Neemias voltou à Pérsia para que sua comissão fosse renovada. Seu segundo governo teve início em 432 a.C.

Grandes Eventos

Cinco eventos têm importância suficiente para que sejam listados abaixo. Ei-los:

- **Primeiro retorno**
- **Templo reconstruído**
- **Genocídio evitado**
- **Reformas executadas**
- **Muralhas reconstruídas**

Primeiro retorno (Esdras 1—3). Quando Ciro conquistou a Babilônia, ele libertou todos os cativos, o que incluía os judeus. Foi permitido ao povo de Deus voltar para casa no ano 538 a.C. Também lhes foi concedida permissão para reconstruir o Templo. Os judeus levaram consigo os utensílios do Templo que haviam sido levados para a Babilônia por Nabucodonosor. O número dos que retornaram foram mais de 42 mil chefes de família, num total aproximado de 200 mil pessoas. Muitos judeus optaram por continuaram nas terras do cativeiro, onde estavam prosperando. Os que voltaram eram os mais orientados à espiritualidade. Este contingente de judeus foi liderado por Zorobabel.

Templo reconstruído (Esdras 4—6). Logo que chegaram, a primeira coisa que os repatriados fizeram foi construir um altar sobre o qual pudessem adorar a Deus. O próximo passo foi lançar as fundações do Templo. O material para a tarefa foi reunido. Mas eles se sentiram desanimados com inimigos que os aborreciam, além de uma série de colheitas ruins. O trabalho parou. Passou-se mais de uma década com zero trabalhos feitos no Templo. A madeira que tinha sido reunida para a construção foi sumindo aos poucos. (E ao mesmo tempo, peças de marcenaria surgiam magicamente nos lares das pessoas.) Zorobabel e Josué não conseguiam que nenhum trabalhador se alistasse para a obra. Então, Deus levantou dois profetas que pregaram tão poderosamente que o trabalho recomeçou em questão de dias. Quatro anos depois dessa retomada, a estrutura — referida como "Templo de Zorobabel" — estava concluída.

Genocídio evitado (Ester). Enquanto isso, na distante Pérsia, um primeiro ministro de nome Hamã cultivava rancor contra certo judeu chamado Mordecai (ou Mardoqueu). O rei Assuero (ou Xerxes) estava precisando encher os cofres públicos; então, Hamã ofereceu-lhe uma enorme soma de dinheiro se lhe fosse permitido matar todos os judeus. Hamã planejava reter para si todos os espólios de cada família judia no império. Mordecai, tio da rainha Ester, insistiu para que ela se envolvesse. Ela, por sua vez, usou da sua influência junto ao rei para que ele emitisse um contradecreto que encorajava os judeus a se defenderem na data do saque. Quanto a Hamã, o rei ordenou que fosse enforcado por tentar enganá-lo.

Reformas executadas (Esdras 7—10). Em 457 a.C., no sétimo ano do reinado de Artaxerxes, um sacerdote e erudito de nome Esdras liderou outro contingente de judeus que saíram das terras do Exílio e voltaram para casa. O rei persa autorizou Esdras a fazer valer a Lei de Deus em toda a região a leste do Rio Eufrates. Veio ao conhecimento de Esdras que muitos homens judeus tinham se casado com mulheres estrangeiras. Havia crianças sendo criadas que nem sabiam falar a língua dos judeus. Esdras convocou uma assembleia nacional que autorizou uma corte de divórcio. Essa corte de divórcio foi viajando de cidade em cidade, investigando cada alegação de que um casamento violava a lei de Deus. Cada um dos homens judeus tinha que despedir sua esposa pagã, a menos que ela mesma se comprometesse com o SENHOR. Esta corte de divórcio descobriu cento e onze casos onde foi necessária a tomada de ações.

Muralhas reconstruídas (Neemias 1—12). No vigésimo ano do reinado de Artaxerxes, Neemias estava na capital persa quando recebeu notícias que, mais uma vez, as muralhas de Jerusalém estavam em ruínas. O rei deu-lhe permissão para ir para Jerusalém e para reconstruir as muralhas. Neemias foi designado governador da Judeia por doze anos. Como o novo governador, ele enfrentou oposição dos vizinhos gentios do povo judeu. Essas pessoas maquinaram todo tipo de intimidação, incluindo ameaças de violência, para tentar travar o trabalho. Sob a liderança de Neemias, todavia, os esforços de reconstrução correram de forma tão organizada que as muralhas ficaram prontas dentro de 52 dias.

Grandes Milagres

Temos o registro de apenas um milagre no Período Persa, logo no seu começo (Daniel 6). A maior parte da atuação de Daniel passou-se durante o Período Babilônico. Ele ainda continuava ativo, no entanto, quando dos primeiros anos do Império Persa. Daniel tinha uma posição elevada no governo do rei Dario, que reinava na cidade da Babilônia. Seus inimigos políticos enganaram o rei, fazendo-o emitir um decreto para que qualquer um que fizesse uma petição, para algum deus ou homem (exceto o rei) por todo um mês, fosse jogado numa cova com leões. O rei gostou da bajulação. E assinou o decreto. Daniel não era do tipo que gostava de desafiar as leis; mas o decreto real também não o impediu de fazer suas três orações, todo dia, voltado para Jerusalém. Ele foi preso. E, muito entristecido, o rei mandou jogá-lo na tal cova com leões. Na manhã do dia seguinte, o rei Dario foi correndo até a cova. E lá estava Daniel, sem um arranhão sequer. Foi a vez das pessoas que fizeram o rei assinar o decreto serem jogadas aos leões. Os animais estavam famintos, e pegaram-nos enquanto caíam, antes mesmo de atingirem o chão. Dario ficou tão impressionado que se sentiu compelido a louvar o Deus dos judeus.

A Mensagem de Deus

Temos três livros proféticos que vieram no Período Persa, além de alguns capítulos no livro de Daniel. **Daniel**, de forma profética, delineou os eventos que levariam ao estabelecimento do reino do Messias. Ele fez também predições específicas sobre os "últimos dias" dos tempos do Antigo Testamento e o aparecimento do Messias (Daniel 9—12).

O foco do profeta **Ageu** foi ver o Templo reconstruído. Ele também anunciou grandes mudanças estavam a caminho, que levariam ao estabelecimento do reino do Cristo.

Zacarias foi um profeta cuja voz levantou-se para fazer coro à de Ageu. Ele deixou registradas uma série de visões que mostravam o relacionamento especial de Deus com seu povo, dos dias de Zacarias até o juízo final. Os seis últimos capítulos do seu livro estão cheio de profecias de eventos que viriam a se passar entre o Antigo e o Novo Testamentos. Também nestes capítulos estão contidas profecias específicas sobre a vinda do Cristo.

Malaquias foi o último profeta do Antigo Testamento. Seu foco foi na adoração, que tinha se tornado formal e fria. Malaquias anteviu o dia em que a adoração espiritual seria oferecida ao SENHOR no mundo inteiro. O Antigo Testamento conclui-se com Malaquias que anuncia a vinda deste mensageiro vindouro, que haveria de proclamar uma nova aliança.

Aplicação Cristã

"O tempo está cumprido" — Jesus disse estas palavras quando estava na Galileia (Marcos 1:15a, NAA), e elas podem muito bem ser uma referência à profecia de Daniel 9:24–27. De igual modo, a referência de Jesus sobre orar para que uma monte se jogue no mar (Mateus 21:21 e 17:20) pode ser uma aplicação de Zacarias 4:7. A referência é a uma montanha que se interpõe no caminho do trabalho de Deus. O autor da epístola aos Hebreus cita o profeta Ageu:

> Aquele cuja voz outrora abalou a terra [no Monte Sinai], agora promete: 'Ainda uma vez abalarei não apenas a terra, mas também o céu.' As palavras "ainda uma vez" indicam a remoção do que pode ser abalado, isto é, coisas criadas, de forma que permaneça o que não pode ser abalado. Portanto, já que estamos recebendo um Reino inabalável, sejamos agradecidos (Hebreus 12:26–29).

Assim, o autor do livro de Hebreus considera a Era da Igreja como o cumprimento das profecias de Ageu sobre um reino inabalável.

Evento Divisor de Águas (Neemias 13)

O último evento histórico registrado no Antigo Testamento encontra-se em Neemias 13. Neemias havia retornado de uma visita à capital persa onde foi novamente designado governador. Foi naquela época que Neemias corrigiu violações do Sábado judaico, repreendeu o casamento com esposas pagãs e supervisionou a purificação do sacerdócio. Ele descobriu que, durante a sua ausência, o maior inimigo dos judeus agora tinha sua própria sala junto ao Templo. Neemias tirou o homem de lá. Não se sabe ao certo quanto tempo Neemias viveu depois de sua segunda nomeação. Uma boa estimativa para a conclusão da sua vida é ao redor do ano 400 a.C. A morte de Neemias marca o fim do Período Persa na história do Antigo Testamento.

Quadro Resumido

Q U E D A da Babilônia	Período Nº 12 **Período Persa** Esdras — Neemias + Ester		M O R T E de Neemias
	Pessoas Principais	**Grandes Eventos**	
	Zorobabel Jesua Ester Esdras Neemias	Primeiro retorno Templo reconstruído Genocídio evitado Reformas executadas Muralhas reconstruídas	
539 a.C.	**Duração** 139 anos		400 a.C.

CAPÍTULO TREZE

PERÍODO DE SILÊNCIO

A CONTAGEM REGRESSIVA PARA CRISTO

O último evento registrado no Antigo Testamento aconteceu no trigésimo segundo ano do rei persa Artaxerxes (Neemias 13:6). No nosso sistema de datação, este é o ano 432 a.C. Nesta ocasião, Neemias retornou a Jerusalém para governar a Judeia. Portanto, o segundo governo de Neemias é o último evento de que temos registro no Antigo Testamento.

O período que se segue ao fechamento do Antigo Testamento pode ser chamado de *Período Grego*, porque a cultura dominante era a dos gregos (também chamados de helênicos). Alguns se referem a estes séculos como o *Período Intertestamentário*, porque este é período se situa entre o fim do Antigo Testamento e o começo do Novo Testamento. A designação Período de Silêncio lembra-nos que Deus não falou por meio de profetas durante estes séculos. Nada de novo foi acrescentado à revelação de Deus.

Neste caso, alguém poderia questionar por que então este período deveria estar incluído num livro sobre a história bíblica. Esta inclusão é justificada, pois, por duas razões. Em primeiro lugar, há muita coisa que foi predita no Antigo Testamento, cujo cumprimento acha-se durante o Período de Silêncio. E em segundo lugar, o Período de Silêncio fornece o pano de fundo do Novo Testamento. Entender o que aconteceu neste período nos ajudará a entender as Escrituras Cristãs.

Duração

A Escritura não indica qual foi a duração do segundo termo do governo de Neemias. Se ele tiver trabalhado pela totalidade de um termo de doze anos, isto implica que a conclusão da história do Antigo Testamento foi em 420 a.C. Para os propósitos deste nosso curso bem simples, todavia, decidimos designar de forma arbitrária o ano 400 a.C. como o ponto onde a história do Antigo Testamento termina. Assim, o Período de Silêncio começa ao redor de 400 a.C. Este período termina com os anúncios dos nascimentos de João Batista e Jesus, ao redor do ano 6 a.C.

Muitas pessoas acham confuso que Jesus tenha nascido numa era denominada "antes de Cristo". Bem, o sistema de numeração anual *anno Domini* ("Ano do Senhor", em latim) foi inventado em 527 d.C. pelo abade Dionísio, o Exíguo. Este monge versado em matemática calculou que a data do anúncio do nascimento de Jesus ocorreu no dia 25 março do ano 754 a.U.c. (*ab Urbe condita*, expressão latina para "desde a fundação da Cidade", de Roma); logicamente, o nascimento de Jesus veio nove meses depois. Portanto, o ano 754 a.U.c. ficou por ele designado como o ano 1 *A.D.* Beda, um monge e historiador inglês do século VIII, começou com a prática de contar os anos de trás para frente antes de 1 *A.D.* Neste sistema, o ano 1 *A.D.* é precedido do ano 1 a.C. (não há um "ano 0").

O Novo Testamento requer que Jesus tenha nascido antes da morte de Herodes, o Grande. Pois bem, esse Herodes morreu em 4 a.C. Os eruditos atuais geralmente concordam que Jesus deve ter nascido entre os anos 6 e 4 a.C. É claro, o anúncio do nascimento sobreveio a Maria nove meses antes. E o anúncio do nascimento de João ao pai dele foi seis meses antes daquele.

Assim, o Período de Silêncio durou aproximadamente de 400 a 6 a.C., ou **cerca de 400 anos**.

Tema Escriturístico

O profeta Zacarias anteviu o confronto vigoroso do povo de Deus com os gregos que se passou durante o Período de Silêncio. "Vou usar Judá como arco de guerra e o povo de Israel será as flechas. Os homens de Jerusalém serão a minha espada, e com ela vou fazer guerra contra a Grécia" (Zacarias 9:13, NTLH).

Pessoas Principais

Entre os personagens mais proeminentes do Período de Silêncio, temos dois reis gregos, três líderes judeus e um rei designado por Roma.

Reis gregos	Líderes judeus
• **Alexandre, o Grande**	• **Judas Macabeu**
• **Antíoco Epifânio**	• **Simão Macabeu**
	• **João Hircano**
	• **Herodes, o Grande**

Reis gregos

Alexandre, o Grande. (356–323 a.C.) foi um dos maiores líderes militares da história. Ele destruiu o Império Persa. Ele espalhou a cultura e a língua gregas, fundando cidades gregas em todo o Oriente Próximo. Esta era a cultura dominante no cenário mundial quando Jesus veio ao mundo. A ascensão e a queda de Alexandre foram profetizadas por Daniel. Esse homem foi representado como um chifre notável num bode peludo (o Império Grego) em Daniel 8:21.

O segundo rei grego que teve um papel fundamental neste período foi **Antíoco Epifânio**, que governou a Síria e controlou a Palestina nos anos 175–163 a.C. Por duas vezes, ele atacou o rei grego que governava o Egito. Numa destas ocasiões, os romanos intervieram e impediram seu avanço. Antíoco voltou para a Palestina muito contrariado, e descarregou sua frustração sobre os judeus. Uma perseguição terrível foi desencadeada. Antíoco é o pequeno chifre cuja aparição é predita em Daniel 8:9; ele é o *homem desprezível* na profecia de Daniel 11:21 (NAA).

Líderes judeus

O primeiro dos líderes judeus de destaque no Período de Silêncio chamava-se **Judas Macabeu**. Ele se tornou o líder de um exército guerrilheiro durante a perseguição de Antíoco (166–160 a.C.). *Macabeu* é um apelido que significa *martelo*. Uma vez após a outra, Judas lutou contra exércitos gregos muitas vezes maiores do que as suas próprias tropas. Depois de cerca de três anos, afinal conseguiu tomar Jerusalém de volta dos gregos.

Judas tinha um irmão chamado **Simão Macabeu** (142–135 a.C.). Ao redor do ano 141 a.C., Simão havia conseguido que o povo judeu estivesse livre dos impostos do regente grego. Os judeus finalmente tinham liberdade política. Simão foi aclamado pelo povo como líder e sumo sacerdote vitalício. Deste ponto em diante, os sumos sacerdotes passaram a traçar sua linhagem até Arão passando por Simão. Ele deu início a uma dinastia de regentes. É chamada de dinastia dos hasmoneus, nome derivado de um ancestral distante de Simão.

João Hircano (134–104 a.C.). Hircano era o sumo sacerdote e o regente civil dos judeus. Ele expandiu o território dos judeus em todas as direções. Pessoas que moravam nessas regiões foram forçadas a se converter ao judaísmo ou irem embora.

Herodes, o Grande (37–4 a.C.) Este Herodes foi designado pelos romanos como "rei dos judeus", muito embora ele não tivesse sangue judeu. Ele encomendou grandes obras de construção em toda a Palestina, incluindo cidades, portos e fortalezas. Talvez sua obra mais famosa tenha sido a laboriosa reforma e ampliação do Tempo de Jerusalém. Herodes era impiedoso no trato com inimigos. Ele chegou a executar membros da sua própria família, porque suspeitava das suas intenções. Herodes sentiu-se ameaçado quando ouviu o que alguns viajantes do Oriente lhe disseram. Então, ele ordenou que seus soldados matassem todos os meninos em Belém com menos de dois anos de idade. Herodes, o Grande parece ter sido o rei descrito profeticamente em Daniel 11:36–45.

Grandes Eventos

Podemos listar cinco eventos de especial importância no Período de Silêncio.

- **As conquistas de Alexandre**
- **A tradução grega das Escrituras**
- **A perseguição dos judeus**
- **A purificação do Templo**
- **A invasão romana**

Conquistas. Aos 22 anos de idade, Alexandre liderava um exército grego relativamente pequeno, adentrando os territórios do Império Persa. Seu objetivo era vingar-se dos persas pelas duas recentes invasões à Grécia. Em 334 a.C., Alexandre e suas tropas invadiram a Ásia Menor (atual Turquia), onde derrotaram os persas uma série de vezes. A marcha vitoriosa continuou Síria e Egito adentro. Depois de mais vitórias, Alexandre e seus soldados avançaram na Pérsia e na Média, indo tão longe no Oriente que chegaram a atingir o norte da Índia. Diz a lenda que, uma vez lá, Alexandre chorou porque não havia mais terras a conquistar. A verdade foi que seu exército recusou-se a ir ainda mais para o leste. Na jornada de volta para a Grécia, Alexandre passou pela Babilônia, onde morreu em 323 a.C, aos 33 anos de idade.

Ter disseminado a cultura grega foi o legado mais perene do grande Alexandre. Para onde quer que fosse, ele tentava instilar aquela cultura. Esse processo de espalhamento da cultura grega é chamado de *helenização*. Incluídos aí estavam, de forma especial, a língua dos gregos, bem como escolas e a ênfase na competição atlética. O ginásio era o centro de qualquer cidade grega. Lamentavelmente, muitos dos sumos sacerdotes judeus se tornaram tão helenizados que eram basicamente gregos vestidos como judeus. Há até registro que alguns homens judeus tenham passado por cirurgias para reverter sua circuncisão, para que não fossem identificados como judeus quando participavam, nus, em competições atléticas gregas.

Tradução. Um dos regentes gregos do Egito tinha por obsessão construir uma biblioteca que tivesse todos e cada um dos livros já escritos. Um belo dia, ele ficou sabendo das Escrituras Hebraicas. Logo, eruditos judeus foram convocados à cidade de Alexandria, no Egito, para traduzir as Escrituras Hebraicas para a língua grega. Isto se passou ao redor do ano 250 a.c. Esta tradução é hoje conhecida como a *Septuaginta* ("Setenta" em latim); usa-se o número latino LXX como sua abreviação. Esse nome veio dos setenta (ou setenta e dois) eruditos responsáveis por produzir a tradução. Tendo sido feita na língua internacional da época, este trabalho disponibilizou o que hoje chamamos de Antigo Testamento a um público muito mais amplo. Alguns anos adiante, Paulo encontrava crentes falantes de grego em quase toda sinagoga onde passava. Eram um campo fértil para a semente do evangelho que Paulo plantava.

Perseguição. Em 168 a.C., Antíoco Epifânio tentou trazer unidade ao seu reino declarando que ele mesmo era um deus. Todo mundo deveria homenageá-lo. A maioria dos judeus recusou-se. Isto fez que a ira de Antíoco recaísse sobre o povo judeu. O Templo de Jerusalém foi capturado e profanado. Um altar pagão foi instalado no pátio do Templo. Daniel já havia previsto essa perseguição. Ele falara de um chifre (o rei Antíoco) de um bode (o Império Grego): "Ele se engrandeceu tanto, que alcançou o exército dos céus" (o povo de Deus). Então, "lançou por terra alguns desse exército e das estrelas e os pisou com os pés" (Daniel 8:10, NAA). João podia estar se referindo a esta perseguição quando falou de um grande dragão vermelho (Satanás) que arrastou um terço das estrelas do céu e atirou-as à terra, pouco antes que o Cristo nascesse (Apocalipse 12:4). Assim, pode-se ver na perseguição de Antíoco uma tentativa de Satanás de destruir o povo de Deus.

Purificação. Três anos depois que Antíoco profanou o Templo, Judas Macabeu tomou Jerusalém de volta. O ano era 165 a.C. Os judeus purificaram o Templo. A adoração ao SENHOR foi restaurada. Esta purificação do Templo ainda é celebrada pelos judeus na Festa do Chanucá em dezembro.

Invasão. Em 63 a.C., o general romano Pompeu conquistou Jerusalém. Pompeu matou 12 mil judeus que defendiam o Templo. O general esperava vislumbrar algo maravilhoso no interior do Santo dos Santos. Tudo que ele viu foi uma laje de pedra, sobre a qual os sumos sacerdotes respingavam o sangue do cordeiro do sacrifício no Dia da Expiação. A bela e preciosa Arca da Aliança, que estivera no Santo dos Santos no tempo de Salomão, era tido como perdida ou destruída desde a época em que os babilônios conquistaram Jerusalém em 586 a.C. A invasão de Pompeu marca o começo da ocupação romana da Palestina, que ainda estava estabelecida quando Jesus nasceu nos dias do imperador César Augusto (Lucas 2:1). Os romanos governaram a Palestina por meio de procuradores (governadores designados pelo imperador romano) e reis fantoches.

Grandes Milagres

Os livros escritos pelos judeus durante o Período de Silêncio contêm relatos de eventos sobrenaturais, às vezes burlescos, às vezes sinistros. Dentro da categoria mais burlesca, temos o livro de Tobias. Nesta estória, entranhas de peixe foram usadas para afugentar demônios de uma câmara nupcial e para curar os olhos de um homem cego. Um exemplo de milagre da categoria mais sinistra foi o que teria acontecido quando um general grego entrou à força no Templo. Um cavaleiro sobrenatural que usava uma armadura de ouro atacou-o. Ao mesmo tempo, dois jovens sobrenaturais apareceram e bateram no general com chicotes, até que ele estivesse arrebentado no chão, incapaz de falar ou se mexer. O sumo sacerdote fez sacrifícios que fizeram com que os dois jovens sobrenaturais voltassem para dizer ao general para ser grato ao sumo sacerdote por lhe ter salvo a vida (2 Macabeus 3:22–34). O livro de 2 Macabeus está cheio de sinais miraculosos e intervenções angelicais.

Há razões para desconfiar se alguma dessas narrativas de fato aconteceu. Ao lê-las, elas parecem mais ser lenda do que história. Um registro histórico mais sóbrio do mesmo período acha-se em 1 Macabeus, que não menciona nada aparentemente sobrenatural. Com base nisso, provavelmente pode-se dizer que não houve milagres documentados no Período de Silêncio.

A Mensagem de Deus

Os judeus que viveram no Período de Silêncio perceberam que o Espírito Santo da profecia havia deixado Israel (1 Macabeus 4:45s; O Cântico dos Três Jovens, v. 15; Josefo, *Contra Ápio*, 1.8; Talmude, *Sanhedrin* 11a). Nenhum livro inspirado da Escritura foi escrito neste período.

Vários dos livros escritos durante o Período de Silêncio, no entanto, eram tidos em grande estima por alguns dentre os primeiros cristãos. São catorze os livros (ou partes de livros) que são coletivamente conhecidos como os *apócrifos* (entre os protestantes) e *deuterocanônicos* (entre os católicos romanos). Vamos apresentá-los em maiores detalhes, junto com uma breve descrição do seu conteúdo. Os livros sublinhados são incluídos nas Bíblias católicas. Os outros são considerados pelos católicos como um apêndice ao Antigo Testamento e geralmente não são impressos.

Livros de história. Três dentre os apócrifos são classificáveis como livros de história. O livro intitulado **1 Macabeus** é um relato razoavelmente confiável da história dos judeus entre os anos 175–135 a.C. **2 Macabeus** foca-se na perseguição grega aos judeus e as proezas de Judas Macabeu no período entre 175–160 a.C. **1 Esdras** compreende a história bíblica de Esdras — Neemias, recontada com a inserção de uma narrativa fantástica sobre Zorobabel (o construtor do segundo Templo).

Livros de romance. Por "romance", entenda-se uma narrativa com feitos heróicos ou maravilhosos, eventos pitorescos, experiências incomuns, e outras coisas mais que atiçam a imaginação. **Tobias** é um conto muito bem escrito sobre um jovem judeu que tinha consigo algum tipo de entranhas de peixe mágicas, com as quais afugentou os demônios da câmara nupcial de uma noiva e curou os olhos de seu pai cego. **Judite** traz a lenda de uma mulher judia que usou de suas beleza e astúcia para decapitar o comandante de uma força inimiga que atacava a sua cidade.

Livros de profecia. Três dos livros apócrifos são classificados como proféticos. **Baruque** oferece reflexões sobre a vida debaixo de regentes estrangeiros, um poema sobre a sabedoria e um lamento poético sobre Jerusalém. A **Epístola de Jeremias** seria a cópia de uma carta que o profeta Jeremias teria enviado aos cativos na Babilônia em 597 a.C. Na verdade, o texto é mais um sermão ridicularizando a idolatria, do que uma correspondência. Nas Bíblias católicas, esta obra geralmente acha-se anexada ao livro de Baruque. **2 Esdras** contém sete revelações extremamente simbólicas similares às do Apocalipse de João, a respeito dos mistérios do mundo moral.

Adições a livros. Entre os apócrifos, contam-se certos capítulos que, nas Bíblias católicas, são incluídos em dois livros bíblicos. **Adições a Ester** vindas da versão grega são inseridas em seis pontos no texto hebraico, de forma a acrescentar a ele conteúdo religioso. Há também três adições ao livro de Daniel. A **Oração de Azarias** e o **Cântico dos Três Jovens** consistem de 68 versículos poéticos mais ou menos ligados ao episódio da fornalha ardente em Daniel 3, onde são inseridos. **Bel e o Dragão** consiste de duas pequenas estórias nas quais Daniel prova que os deuses babilônicos não tinha vida nem poder. **Susana** conta de uma linda mulher judia falsamente acusada de adultério (um crime punível com a morte) por dois juízes lascivos. Os juízes são expostos e executados em decorrência de um engenhoso exame cruzado de Daniel.

Livros de sabedoria. Finalmente, dois livros os apócrifos são do gênero de literatura de sabedoria. **Eclesiástico (ou Sirácida)** é um livro longo, de 48 capítulos, contendo provérbios de moral e religião, que às vezes são expandidos em breves sermões. O livro da **Sabedoria (ou Sabedoria de Salomão)** usou do nome desse rei para apresentar reflexões sobre o significado da história, a vida após a morte e as glórias da sabedoria.

Aplicação Cristã

Embora existam alusões, o Novo Testamento quase nunca faz citações diretas destes e dos outros livros escritos no Período de Silêncio. Nem Jesus, nem os apóstolos, consideravam os livros ditos apócrifos como Escritura inspirada. Pode haver em Hebreus 11:35 uma alusão à tortura infligida aos judeus durante a perseguição de Antíoco Epifânio (veja 2 Macabeus 7). Conforme notado acima, João pode estar retratando essa mesma perseguição de forma simbólica em Apocalipse 12:1–4. A aplicação cristã do Período de Silêncio está contida neste versículo do apóstolo Paulo: "Mas, quando chegou a plenitude do tempo, Deus enviou seu Filho, nascido de mulher, nascido debaixo da Lei, a fim de redimir os que estavam sob a Lei, para que recebêssemos a adoção de filhos." (Gálatas 4:4).

Durante o Período de Silêncio, houve desenvolvimentos históricos que foram cruciais para que a fé cristã pudesse começar. Os romanos controlavam o mundo mediterrâneo. Eles construíram mais de 400 mil quilômetros de estradas, conectando as regiões mais distantes até a capital, Roma. Essas estradas facilitavam as viagens, que por sua vez facilitaram a propagação do evangelho. A marinha romana patrulhava as rotas marítimas, o que protegia os navegantes dos bandidos. Isto também contribuiu para as viagens cristãs missionárias. A era romana foi caracterizado por um tipo de paz chamada *Pax Romana*. Havia uma língua universal, o grego, a facilitar a comunicação onde quer que os cristão fossem a pregar o evangelho. Usando o Antigo Testamento traduzido da Septuaginta, o ensino sobre o Deus verdadeiro e a esperança da vinda do Messias espalhou-se até os confins do Império Romano. Entre os gentios, havia uma rejeição crescente das religiões pagãs antigas. Isto fez com que os gentios estivessem mais abertos às novas ideias do cristianismo. Todos estes fatores indicam que Jesus nasceu bem no momento preciso para ter impacto máximo sobre o mundo na época.

Evento Divisor de Águas

O Período de Silêncio termina com os anúncios de dois nascimentos quando do ano 6 a.C. O primeiro destes precede o nascimento de Jesus em quinze meses. Havia um sacerdote idoso chamado Zacarias e sua esposa Isabel. Eles era um casal piedoso, mas não tinham filhos.

Certa vez, Zacarias entrou no Templo enquanto cumpria com suas atribuições sacerdotais. O anjo Gabriel apareceu-lhe, para anunciar que ele e sua esposa teriam um filho. Esse filho deveria se chamar João. O ministério dele iria abrir caminho para o Messias (Lucas 1:8–20).

Seis meses depois, o mesmo anjo Gabriel apareceu a Maria, uma moça judia que vivia em Nazaré. Ela estava prometida em noivado a José, um carpinteiro da região. O anjo disse a Maria que ela engravidaria de uma criança muito especial, concebida pelo Espírito Santo. Essa criança se tornaria um grande homem. Ele haveria de se sentar no trono de seu ancestral Davi (Lucas 1:26–38).

Quando José percebeu que sua futura esposa estava grávida, ele preparou-se para romper o noivado. Naquela época, anular um noivado requeria ações legais similares às de um divórcio. No entanto, o anjo Gabriel apareceu novamente, desta vez para José. Ele foi informado das circunstâncias da concepção do bebê. O anjo disse a José que se casasse com a moça. Quando o menino nasceu, recebeu o nome *Jesus*, que significa *Salvador* (Mateus 1:18–25). Os anúncios dos nascimentos de João e de Jesus marcaram o fim do Período de Silêncio.

Quadro Resumido

Período Nº 13								
Período de Silêncio								
Fontes: 1 & 2 Macabeus								
N E E M I A S	Domínio persa	A L E X A N D R E	Domínio grego	D E C R E T O	Independência	P O M P E U	Domínio romano	C R I S T O
400		332		142		63		6 a.C.

Hora da Revisão

Já passamos por mais de 2.000 anos de história bíblica. Vamos conferir o que você aprendeu.

1. Quanto tempo duraram os Períodos dos Primórdios e da Dispersão?
2. Quem veio primeiro...
   a. Abraão ou Noé?
   b. Josué ou Gideão?
   c. Ezequias ou Jezabel?
   d. Jeroboão ou Davi?
   e. Débora ou Ester?
   f. Judas Macabeu ou Neemias?
3. Se você estivesse lendo estes capítulos, em qual período da história bíblica estaria?
   a. Josué 1—24
   b. Números 1—36
   c. Êxodo 1—15
   d. Gênesis 46—50
   e. Gênesis 12—45
   f. 1 Samuel 1—7
   g. 1 Reis 1—11
   h. Neemias 1—13
   i. 2 Reis 17—23

Capítulo Catorze

Período da Encarnação
Deus Tornou-se Carne

O termo *encarnação* vem de duas palavras do latim, *in caro*, "(tornar) em carne". É o termo técnico que os cristãos usam para falar de como o Filho eterno de Deus veio viver entre seu povo num corpo humano. Você pode ler sobre o Período da Encarnação na história bíblica nos quatro Evangelhos — **Mateus, Marcos, Lucas** e **João**. Embora muitas informações destes escritores estejam duplicadas em suas obras, cada uma delas apresenta Jesus sob um ponto de vista diferente.

Duração

O Período da Encarnação começou com os eventos relacionados ao nascimento do Cristo. Como já explicamos no capítulo anterior, os anúncios dos nascimentos de João e de Jesus provavelmente aconteceram ao redor do ano 6 a.C. Um decreto do imperador romano César Augusto forçou José e Maria a fazerem uma longa viagem para Belém, por causa de um recenseamento para cobrança de impostos. A pequena cidade de Belém estava cheia de gente! Não havia vagas na pousada local para hospedar o casal. Porém, como Maria estava prestes a dar à luz, o gerente deixou-os ficar no estábulo, que pode ter sido uma caverna no nível mais baixo da pousada. E então, Jesus nasceu. Estes eventos marcaram o início do Período da Encarnação da história bíblica.

O Período da Encarnação terminou com a ascensão de Jesus aos céus no 30 d.C. Portanto, o Período da Encarnação durou cerca de **36 anos**.

Tema Escriturístico

Nenhum outro versículo captura tão bem o tema do Período da Encarnação como João 1:14 (NAA): "E o Verbo se fez carne e habitou entre nós, cheio de graça e de verdade, e vimos a sua glória, glória como do unigênito do Pai."

Pessoas Principais

O Período da Encarnação é todo sobre Jesus — suas viagens, palavras, reivindicações e ações. Todas as outras pessoas desempenham papéis secundários. A julgar pela frequência com que são mencionados, há sete indivíduos que se sobressaem como personagens fundamentais no decorrer deste período. Além de João Batista, o precursor de Jesus, listamos três apóstolos e três antagonistas.

- **Arauto:** João Batista
- **Apóstolos:** Pedro, Tiago e João
- **Antagonistas:** Herodes, Pilatos e Judas

Arauto. João foi importante para o ministério de Jesus de várias formas. Primeiro, João, cujo ministério precedeu o de Jesus em alguns meses, preparou o povo judeu para a vinda do Cristo pregando o arrependimento e a prática do batismo. Segundo, Jesus elogiou João dizendo que ele era o maior dos profetas (Mateus 11:11). Terceiro, João batizou Jesus (Mateus 3:15). Quarto, os primeiros discípulos de Jesus também haviam sido discípulos de João Batista (João 1:35–37). Quinto, João humildemente orientou seus seguidores a Jesus. Alguns deles, porém, recusaram-se a deixar João. De acordo com o historiador judeu Flávio Josefo, "ouvindo as palavras de João, Herodes temeu que tal força de persuasão incitasse revolta", prendeu-o e depois executou-o (*Antiguidades Judaicas*, XVIII, 116). Mas o movimento de João não morreu com ele. Mais de duas décadas depois, Paulo encontrou alguns discípulos de João Batista na distante Éfeso (Atos 18:24–19:7).

Apóstolos. Jesus deu ao seu discípulo *Simão* o nome de Cefas ou **Pedro**, que significa "pedra, rocha". Ele era chamado filho de João (João 1:42). Se ele falasse inglês, seria como se seu sobrenome moderno fosse "Johnson". Pedro veio de Betsaida, uma cidade de pescadores (João 1:44). Foi seu irmão André que o trouxe até o Cristo. Ambos anteriormente haviam sido discípulos de João Batista (João 1:35–42). Pedro tinha uma casa em Cafarnaum, que praticamente tornou-se a base de operações de Jesus durante seu ministério na Galileia (Marcos 1:21, 29). Fica claro que Pedro era o líder entre os doze discípulos que Jesus havia chamado para o ministério em tempo integral. Como alguém do círculo mais próximo de Jesus, Pedro teve o privilégio de presenciar alguns eventos que os outros discípulos não viram.

Tiago e João eram pescadores, filhos de Zebedeu. Eles podem ter sido primos de primeiro grau de Jesus. Esses irmãos provavelmente viviam em Cafarnaum, onde tinham um negócio de pesca no Mar da Galileia. Junto com Pedro, Tiago e João eram também membros do trio de discípulos mais próximos de Jesus, estando com ele em ocasiões especiais enquanto os outros não estavam presentes. Parece que os dois também eram meio impetuosos. Numa ocasião, eles queriam que Jesus mandasse fogo do céu para consumir uma cidade (Lucas 9:54). Jesus chegou a apelidá-los "filhos do trovão" (Marcos 3:17). Os dois irmãos também era um tanto pretensiosos. Eles pediram para se sentar nos lugares de honra, à esquerda e à direta de Jesus, na glória dele (Marcos 10:35–41). Em resposta, receberam uma bela bronca (Lucas 22:8).

Antagonistas. O primeiro antagonista é um dos vários reis Herodes mencionado no Novo Testamento. O rei mais importante durante o Período da Encarnação foi **Herodes, o tetrarca** (um tipo de governador); vamos apelidá-lo de Herodes Júnior. Ele era o filho de Herodes, o Grande, o rei que tentou matar o menino Jesus. Quando Herodes, o Grande, morreu em 4 a.C., seu filho foi designado tetrarca, para administrar uma fração do reino anteriormente governado pelo seu pai. Como seu pai, ele foi também um grande construtor. Um de seus projetos foi a cidade de Tiberíades no Mar da Galileia, que ainda existe até hoje. João Batista foi encarcerado e depois decapitado pelo Herodes Júnior (Mateus 14:1–12) Um dos evangelistas registrou um recado pessoal deixado por Jesus "àquela raposa" (Lucas 13:31s). Na manhã da sua crucifixão, Jesus foi interrogado pelo rei Herodes (Lucas 23:6–12).

O segundo antagonista era o *governador* (o termo técnico é *procurador*) da Judeia durante os anos finais do ministério de Jesus. **Pôncio Pilatos** designava sumos sacerdotes judeus e detinha o controle do Templo de Jerusalém. Ele enfureceu os judeus quando se apropriou do dinheiro do Templo para construir um aqueduto, para trazer água para Jerusalém. Pilatos foi culpado de muitas atrocidades contra o povo judeu; uma delas está registrada numa fala de Jesus, em Lucas 13:1. Jesus compareceu para ser julgado por Pilatos duas vezes na manhã da sua crucifixão. O político romano estava numa corda bamba com os seus superiores em Roma; por isso, Pilatos permitiu-se ser pressionado pelas autoridades religiosas judaicas que exigiam a crucifixão de Jesus. Como insulto à liderança judaica, ele ordenou também que se pusesse a seguinte inscrição sobre a cruz de Jesus: *Este é o Rei dos Judeus*.

O terceiro antagonista é o mais famoso de todos. Há um total de sete homens chamados Judas no Novo Testamento, mas o mais conhecido de todos eles foi o discípulo conhecido como **Judas Iscariotes**. Seu nome sempre aparece por último na lista dos apóstolos, porque ele foi o traidor. Judas era o único dos apóstolos de Jesus que não era da região da Galileia. *Iscariotes* significa "homem de Queriote", uma cidade perto de Hebrom, na Judeia. Judas atuava como tesoureiro junto aos discípulos; mas sabia-se que ele era avarento e ladrão (João 12:5–6). Ele esteve presente nos primeiros momentos da Última Ceia, quando Jesus predisse que seria traído (Mateus 26:20–21). Judas entregou Jesus para as autoridades por trinta moedas de prata. Ele os levou até o jardim noite adentro. Para identificar Jesus na escuridão, Judas beijou-o no rosto. Mais tarde, Judas tentou devolver a prata aos sacerdotes. Os líderes judeus recusaram a devolução do dinheiro de sangue. Desesperado, Judas saiu e enforcou-se.

Grandes Eventos

Podemos organizar os eventos do ministério de Jesus em sete fases:

- **Preparação** (30 anos)
- **Ano de obscuridade**
- **Ano de popularidade**
- **Ano de oposição**
- **Perseguição** (3 meses)
- **Paixão** (1 semana)
- **Triunfo** (40 dias)

Preparação. Além do nascimento do Cristo, que foi parte do evento divisor de águas que encabeça este período, temos dois outros eventos que se destacam na fase preparatória da vida do Cristo. O primeiro foi o seu **batismo**. Quando Jesus tinha cerca de 30 anos (Lucas 3:23), ele viajou por cerca de cem quilômetros até chegar ao local onde João estava batizando no Rio Jordão. João não queria batizar Jesus; mas Jesus insistiu que era necessário para agradar a Deus. Assim que Jesus ergueu-se das águas do seu batismo, o Espírito Santo desceu sobre ele na forma de uma pomba. Uma voz veio do céu e identificou Jesus como Filho de Deus. Esta vinda incomum do Espírito serviu de sinal para João Batista que Jesus era mesmo o tão esperado Messias (João 1:33). O **batismo** de Jesus marcou o início do seu ministério público. Dali em diante, João passou a direcionar seus discípulos para Jesus.

O segundo evento de importância na fase da preparação foram a série de **tentações no deserto**. Logo após seu batismo, Jesus retirou-se imediatamente para uma área desértica nas proximidades do rio. Lá, ele jejuou e orou, por quarenta dias. Enquanto isso, o diabo ficou a tentá-lo Os textos de Mateus 4:1–11 e Lucas 4:1–13 registram três tentações. Jesus rebateu cada uma das tentações com uma citação da Escritura. Ele se recusou a usar seus poderes miraculosos para ganho pessoal, para fazer algum tipo de espetáculo impressionante ou para conseguir um jeito mais fácil de estabelecer seu reino. As tentações no deserto foram um momento em que Jesus foi posto à prova. E ele passou com nota máxima!

Ano de obscuridade. Durante o primeiro ano de seu ministério, Jesus não foi uma figura muito conhecida. Ele ensinava de forma discreta e formou o grupo dos seus seguidores principais. O **primeiro**

milagre registrado, no entanto, entra na nossa lista dos doze eventos mais importantes da vida de Jesus. Este milagre foi feito na cidade de Caná, na Galileia, não muito longe da sua cidade natal Nazaré (João 2:1–11). Sua mãe Maria havia sido especialmente convidada para uma festa de casamento, e Jesus e alguns de seus primeiros discípulos também compareceram. No decorrer da celebração (que geralmente se estendia por vários dias), o vinho acabou. Maria deixou Jesus a par da situação, esperando que ele talvez ajudasse. Era um pedido para que ele usasse de seus poderes para resolver uma questão particular. Por sua vez, Jesus mandou que os servos enchessem seis grandes jarros com água até a borda. Depois, eles deveriam levá-los até o responsável pela festa. Quando este homem provou o líquido, a água havia sido transformada no melhor vinho que aquela festa já vira. Os outros convidados das festividades não faziam ideia da origem do vinho; mas os discípulos de Jesus sabiam. Deste momento em diante, eles passaram a ter fé em Jesus.

Ano de popularidade. No segundo ano de seu ministério, Jesus alcançou grande popularidade com as massas do povo, especialmente na região da Galileia. O pico dessa fase popular de Jesus foi quando ele **alimentou cinco mil pessoas.** Uma grande multidão havia seguido Jesus até uma área afastada. Não havia nenhum lugar nas redondezas onde comprar comida. Depois de algumas perguntas, descobriu-se que, em meio a toda a multidão, apenas um menino trouxe consigo o seu lanche. Ele tinha cinco pães simples e dois peixes pequenos. Jesus orou e abençoou os pães e peixes. Os discípulos distribuíram o alimento às pessoas. O alimento foi multiplicado, e todos comeram até ficarem satisfeitos. Vários cestos foram enchidos com os restos recolhidos. As multidões quiseram proclamar Jesus como rei ali mesmo (Mateus 14:13–21). Pouco depois deste milagre, Jesus pregou um sermão onde disse que ele não veio para distribuir almoços grátis. Ele veio para trazer o pão espiritual (João 6:25–59). Muitos dos judeus pararam de seguir Jesus por causa deste sermão.

Ano de oposição. O terceiro ano do ministério de Jesus foi marcado pela crescente oposição dos líderes religiosos. Jesus foi forçado a retirar-se para as regiões habitadas pelos gentios e por judeus menos zelosos. O primeiro evento durante este período a entrar na nossa lista dos doze principais foi a **confissão de Pedro**. Jesus havia levado seus discípulos para a região da Cesareia de Filipe, no norte da Galileia. Sua popularidade com as massas estava no seu ponto mais baixo. Jesus perguntou aos seus discípulos o que o povo pensava que ele era. Alguns achavam que ele era João Batista, ou ainda Elias, Jeremias, ou algum dos profetas do Antigo Testamento. Então, Jesus pergunta quem os discípulos pensavam que ele era. Pedro fala por todos eles quando responde: "Tu és o Cristo, o Filho do Deus vivo" (Mateus 16:16). A confissão de Pedro tornou-se a fundação da fé cristã.

O segundo evento importante deste período foi a **transfiguração**, tendo se passado uma semana depois da grande confissão de Pedro. Jesus levou seus discípulos mais próximos (Pedro, Tiago e João) ao alto de uma montanha. Pensamos que pode ter sido o Monte Hermom, a montanha mais alta na região. Por alguns momentos, o corpo de Jesus brilhou com glória celestial. Moisés e Elias apareceram e conversaram com Jesus sobre sua morte que se aproximava (Mateus 17).

Perseguição. Durante os três últimos meses do seu ministério, os inimigos de Jesus foram fechando o cerco sobre ele. Enquanto atuava do outro lado do Rio Jordão numa região chamada Pereia, Jesus recebeu a notícia que seu amigo querido Lázaro estava prestes a morrer. De forma deliberada, Jesus demorou-se por mais dois dias; nesse meio-tempo, Lázaro morreu. Jesus então foi com seus discípulos até a cidade onde seu amigo vivera, Betânia. Lá, ele pediu que fosse levado até a caverna onde Lázaro fora sepultado. Jesus chamou Lázaro pelo nome dentre os mortos. A **ressurreição de Lázaro** deve necessariamente figurar entre os seus maiores milagres. Foi um milagre que aconteceu a apenas três quilômetros de Jerusalém, o centro da oposição a Jesus. Depois desta ressurreição, os líderes religiosos ficaram determinados em matar Jesus, e Lázaro também (João 11).

Semana da Paixão. Por causa do seu grande sofrimento (em latim, *passio*), a última semana do ministério de Jesus é chamada de Semana da Paixão. Dois eventos que se passaram durante esta semana entram para a nossa lista dos mais importantes na vida do Cristo. No primeiro dia desta semana, Jesus fez sua **entrada triunfal** em Jerusalém. Ele entrou montado sobre um jumentinho, exatamente como predito pelo profeta Zacarias. Apoiadores galileus agitaram folhas de palmeira e saudaram-no como o rei deles. Isto deixou os líderes religiosos em Jerusalém ainda mais furiosos. Com esta entrada triunfal, Jesus estava a fazer uma declaração pública de que ele era o Messias das profecias, o tão esperado Salvador (Mateus 21).

O segundo evento da Semana da Paixão a entrar na nossa lista dos doze eventos mais significativos foi a **crucifixão**, que ocorreu numa sexta-feira. Numa crucificação, o condenado era fixado a uma cruz. Depois, era suspendido numa posição onde ele só conseguia respirar com muita dificuldade (e muita dor). Jesus ficou pregado nu naquela cruz por seis horas. Apenas cinco dos seus discípulos são citados por nome como tendo estado lá para ampará-lo. Para humilhá-lo ainda mais, Jesus foi condenado junto a dois bandidos notórios. Ele disse sete frases famosas enquanto estava na cruz. Às três da tarde, Jesus morreu. Um soldado perfurou o corpo com uma lança para confirmar a sua morte. Ninguém, nem mesmo os seus discípulos mais próximos, entenderam o pleno significado da cruz até que acontecesse a ressurreição.

Triunfo. Os quarenta dias de triunfo começam três dias depois que Jesus foi sepultado. Nesta fase, temos mais dois eventos importantes que temos que incluir na nossa lista de doze. O primeiro é a **ressurreição** de Jesus dentre os mortos. Jesus foi sepultado às pressas na tarde da sexta-feira, logo antes da noite quando se iniciava o Sábado judaico, quando não era permitido aos judeus trabalhar. Algumas das discípulas de Jesus planejaram voltar ao túmulo na manhã de domingo para concluir as preparativos funerários. Mas quando chegaram lá, o túmulo estava vazio. Anjos anunciaram que Jesus estava vivo (Mateus 28). Em seguida, Jesus começou a aparecer a vários dos discípulos nas redondezas de Jerusalém. Foi naquela mesma noite que os discípulos tiveram certeza que Jesus havia vencido a morte (Lucas 24). Mas um dos discípulos, Tomé, não estava presente com os outros da primeira vez, e duvidou. Jesus apareceu para todos eles novamente, e desta vez, convidou Tomé a tocar nas feridas no seu corpo (João 20). Depois disso, Jesus apareceu aos seus discípulos na Galileia; houve uma ocasião em que ele encontrou-se com um grupo de quinhentos deles (1 Coríntios 15:6). A crença na ressurreição é a pedra fundamental, o fundamento de toda a fé cristã.

Para conferir o restante dos doze grandes eventos na vida do Cristo, confira a seção *Evento Divisor de Águas*.

Grandes Milagres

Dos muitos milagres que Jesus fez, os evangelhos canônicos registram trinta e seis. Destes, apenas dois são registrados em todos os quatro evangelhos: o alimento multiplicado para cinco mil pessoas e a cura de uma orelha decepada. O primeiro e o último milagres de Jesus foram registrados apenas por João: o primeiro foi transformar água em vinho (João 2:7–9), e o último foi uma pesca excepcional (João 21:6). Mateus detém o recorde de vinte e dois milagres registrados; mas João contém seis milagres sobre os quais nenhum dos outros três evangelistas escreveu.

Os milagres de Jesus podem ser visualizados nestas quatro categorias: dezessete milagres de cura; sete milagres de repreensão; três milagres de ressurreição (uma menina, o filho de uma viúva e Lázaro); e, nove milagres sobre a natureza.

A Mensagem de Deus

A maior revelação de toda a história bíblica aconteceu quando Jesus veio ao mundo para revelar-nos o Pai. Numa ocasião, Jesus disse: "Quem me vê, vê o Pai" (João 14:9). Em outra ocasião, disse: "Eu e o Pai somos um" (João 10:30). Além destas afirmações, os ensinos do Cristo também nos revelaram muito sobre a natureza de Deus e sua vontade para nossas vidas. Neste nosso curso bem simples da história bíblica, só teremos espaço para destacar três aspectos do ensino de Jesus.

Primeiro, **o sermão público mais importante** proferido por Jesus foi o Sermão do Monte (Mateus 5—7). Neste grande sermão, Jesus abordou temas como discipulado, autoridade, oração e escolher com sabedoria.

Segundo, **o ensinamento mais importante** de Jesus foi feito por ele na noite da sua traição, quando ele falou aos discípulos da vinda do Espírito Santo ao mundo (João 14—16).

Terceiro, **a forma mais célebre de ensino** de Jesus eram as parábolas. Uma parábola é feita comparando-se uma verdade espiritual com uma experiência cotidiana. Jesus tinha um gosto especial por usar parábolas para ilustrar a vida no seu reino espiritual. Nem todas as parábolas estão explicitadas como tal. Por isso, é difícil contar quantas delas há nos evangelhos. Você pode se lembrar de algumas parábolas de Jesus?

Antecipação no Antigo Testamento

Estudiosos da Bíblia já encontraram pelo menos setenta e duas passagens no Antigo Testamento que antecipam o Período da Encarnação. Toda a vida de Jesus já havia sido delineada profeticamente antes mesmo de ele vir a este mundo. Aqui estão algumas das principais predições no Antigo Testamento:

- **Seu nascimento virginal** (Isaías 7:14)
- **O local do seu nascimento** (Miqueias 5:2)
- **O início do seu ministério** (Daniel 9:25)
- **Sua divindade** (Salmos 2:7; 45:6; 110:1; Isaías 9:6)
- **Sua crucifixão** (Salmo 22; Isaías 53)
- **Sua ressurreição** (Isaías 53:10)

Evento Divisor de Águas

O fim do Período da Encarnação é assinalado pela **ascensão** de Jesus aos céus, quarenta dias depois da sua ressurreição. Depois das semanas iniciais, os discípulos retornaram a Jerusalém. Jesus disse que se encontraria com eles lá uma última vez. Ele os instruiu para esperarem em Jerusalém, ocasião em que haveriam de receber poder especial dos céus. Então, eles o acompanharam até o Monte das Oliveiras, perto de

Betânia. Lá, eles o viram ascender aos céus em câmera lenta. Dois anjos apareceram e asseguraram a eles que, assim como viram Jesus subir aos céus, algum dia ele há de retornar do mesmo modo (Atos 1). Portanto, o Período da Encarnação começa numa manjedoura e termina no Monte das Oliveiras, começa em Belém e termina perto de Betânia (Lucas 24:50).

Quadro Resumido

N A S C I M E N T O	Período Nº 14 **Período da Encarnação** Mateus + Marcos + Lucas + João			A S C E N S Ã O
	Preparação 30 anos	Ministério 3,5 anos	Triunfo 40 dias	
6 a.C.	6 a.C. – 26 d.C.	26–30 d.C.	30 d.C.	30 d.C.

Hora da Revisão

1. Você é capaz de nomear os dez períodos da Era Mosaica?
2. Em qual período cada um destes eventos aconteceu?
   a. Noé constrói um altar
   b. Abraão "sacrifica" o seu filho
   c. Eva come do fruto proibido
   d. Sansão mata mil filisteus
   e. Salomão constrói o Templo
   f. Neemias reconstrói as muralhas
   g. O Antigo Testamento é traduzido
   h. Nabucodonosor destrói Jerusalém
   i. Ester salva seu povo do genocídio
   j. Josué conquista a Terra Prometida
   k. Dez pragas atingem o Egito
3. Que personagem fundamental esteve ativo(a)...
   a. ao redor do ano 2000 a.C.?
   b. ao redor do ano 1400 a.C.?
   c. ao redor do ano 1000 a.C.?
   c. ao redor do ano 1000 a.C.?
4. Quais são os eventos divisores de águas que separam cada um destes pares de períodos?
   a. Primórdios e Dispersão
   b. Silêncio e Encarnação
   c. Assírio e Babilônico
   d. Juízes e Reino Unificado
   e. Egípcio e Deserto

1. Deserto; Conquista; Juízes; Reino Unificado; Reinos Irmãos; Assírio; Babilônico; Persa; Silêncio; Encarnação.
2. a. Dispersão; b. Peregrinação; c. Primórdios; d. Juízes; e. Reino Unificado; f. Persa; g. Silêncio; h. Babilônico; i. Persa; j. Conquista; k. Egípcio.
3. a. Abraão; b. Moisés; c. Davi; d. Neemias.
4. a. Dilúvio; b. anúncios de dois nascimentos; c. batalha de Carquemis; d. unção de Saul; e. Êxodo (Travessia do Mar Vermelho).

Capítulo Quinze

Período do Derramamento
Primeiro Para os Judeus

Na história do Novo Testamento, fica bem claro que a década que se seguiu à ascensão do Cristo é um período distinto, mas é difícil dar-lhe um nome. Ela poderia ser chamada de *Período Petrino*, enfatizando Pedro. Ele de fato foi a figura principal neste período. Tal designação, no entanto, acaba por minimizar o quanto todos os outros contribuíram. Poderia ser chamada de *Período do Nascimento*, porque foi no decorrer desta década que nasceu a igreja do Cristo. Poderia também ser chamada de *Período da Proclamação*, ou *Período da Grande Comissão*, mas estes nomes não diferenciam a década em questão daquelas que vieram depois.

O termo *derramamento* diz respeito à vinda poderosa do Espírito Santo. Houve manifestação deste derramamento miraculoso no começo, no meio e no final deste período. O Período do Derramamento está documentado em **Atos 1—11** (Atos dos Apóstolos é o quinto livro do Novo Testamento).

Duração

Houve um breve ínterim de dez dias que se seguiu ao término do Período da Encarnação. Durante estes dez dias, o discípulos de Jesus estavam na região de Jerusalém, reunidos para orar. Pedro conduziu um estudo da Escritura que orientou a escolha de um substituto para o traidor Judas. (Judas havia cometido suicídio quando viu que não podia "desfazer" a traição do seu Senhor.) Apenas aqueles que haviam sido discípulos de Jesus desde o começo do seu ministério poderiam ser escolhidos. Dois homens mostraram-se aptos. O grupo orou para que Deus deixasse clara qual era a escolha divina entre os dois. Então, os discípulos lançaram sortes, num processo similar a um sorteio. Foi assim que Matias veio a ser o décimo segundo apóstolo de Jesus (Atos 1).

O dia de Pentecostes é uma importante festa judaica. Judeus de todo o mundo tinham vindo para Jerusalém para a Páscoa, cinquenta dias antes. A maioria deles permaneceu na cidade para participar da próxima celebração. Os discípulos de Jesus estavam ocupando uma câmara fora do pátio do Templo quando as festividades do Pentecostes começaram. As pessoas no pátio ouviram um som como o de um tornado. Raios de luz, com a aparência de línguas de fogo, surgiram de repente. Essas línguas de fogo foram vistas por alguns momentos sobre as cabeças dos apóstolos. Ao escutarem e avistarem essas coisas, milhares se aproximaram do lugar onde os doze apóstolos estavam. Os Doze começaram a dar louvor a Deus nos idiomas nativos das pessoas que haviam se reunido. Pedro aproveitou a oportunidade para pregar o primeiro sermão do evangelho na Era Cristã. Três mil aceitaram as palavras de Jesus naquele dia. Eles demonstraram sua fé sendo batizados. Foi assim que naquela manhã de Pentecostes, em Jerusalém, no ano 30 da Era Cristã, que nasceu a igreja do Cristo.

O Período do Derramamento estendeu-se do evento de Pentecostes até quando o Espírito de Deus foi derramado sobre a casa do gentio Cornélio. Não conseguimos calcular com exatidão quanto tempo se passou entre estes dois episódios. Os estudiosos do Novo Testamento estimam que levou entre 8 e 10 anos. Assim, para os propósitos deste estudo bem simples da história bíblica, vamos dizer que a duração do Período do Derramamento cobre os anos **30–39** da Era Cristã, ou cerca de **dez anos**.

Tema Escriturístico

"Deus ressuscitou este Jesus, e disto todos nós somos testemunhas. Exaltado, pois, à direita de Deus, tendo recebido do Pai a promessa do Espírito Santo, derramou isto que vocês estão vendo e ouvindo"

(Atos 2:32–33, NAA). Estas palavras de Pedro explicaram à multidão as coisas extraordinárias que eles viram e ouviram no pátio do Templo naquele dia de Pentecostes.

Pessoas Principais

Temos oito grandes personagens no Período do Derramamento. Podemos distribuí-los nestes três grupos:

- **Dois apóstolos**
- **Dois diáconos**
- **Quatro convertidos**

Apóstolos. Não resta dúvida que Simão **Pedro** foi o líder na primeira década do cristianismo. Ele providenciou a seleção de um apóstolo para substituir Judas (Atos 1). Pedro pregou os primeiro e último sermões registrados para este período (Atos 2, 10). Ele esteve envolvido na cura de dois deficientes e levantou Dorcas dos mortos (Atos 3, 9). Pedro também batizou o primeiro gentio que se converteu (Atos 10). O segundo personagem fundamental deste período foi o apóstolo **João**. Ele trabalhou junto com Pedro durante os primeiros anos do Período do Derramamento. Eles estavam juntos quando um dos deficientes, um coxo, foi curado próximo ao portão do Templo (Atos 3). João e Pedro foram presos pelas autoridades judaicas. Pouco depois, todos os apóstolos foram presos e açoitados. Eles foram advertidos a não pregar mais em nome desse tal Jesus. Uma ato importante de Pedro e João foi que eles passaram para os novos líderes cristãos samaritanos o dom especial do Espírito Santo. (Atos 8:14–17).

Diáconos. Sete homens foram escolhidos pela congregação de Jerusalém para distribuir comida para viúvas que passavam necessidade. Destes, dois se tornaram muito proeminentes. Depois de receber a imposição de mãos dos apóstolos, **Estêvão** pôde realizar grandes maravilhas e sinais miraculosos entre o povo (Atos 6:8). Estêvão foi o primeiro cristão de que se tem notícia que realizou milagres, embora não fosse apóstolo. Ele entrava nas sinagogas de judeus falantes de grego em Jerusalém, e discutia com eles de forma persuasiva sobre Jesus ser o Cristo. Incapazes de derrotar Estêvão nos debates públicos, os judeus levaram-no ao Sinédrio, a entidade legal máxima no judaísmo. Eles distorceram as palavras pregadas por Estêvão. Os membros do Sinédrio deram a Estêvão a oportunidade de falar em sua própria defesa. Seu sermão maravilhoso ficou registrado em Atos 7 — e enfureceu sua audiência de judeus a tal ponto que eles o mataram por apedrejamento. Ele foi o primeiro cristão de que se tem notícia que se tornou um mártir por causa da fé.

O segundo dos diáconos desta igreja a entrar na nossa listagem de personagens importantes é **Filipe**. Não se deve confundi-lo com um dos Doze de mesmo nome; este Filipe era diácono e evangelista em Jerusalém. Quando ele deixou Jerusalém por causa da perseguição, ele escolheu fazer da Samaria o seu campo missionário. Filipe superou o preconceito contra samaritanos com o qual havia sido criado desde a sua infância. Ele foi o primeiro a levar o evangelho a essas pessoas que os judeus tanto desprezavam. Muitos samaritanos obedeceram ao evangelho. Depois deste sucesso missionário, um anjo chamou Filipe a conversar com um homem que estava na viagem de volta para a África (Atos 8). Depois de batizar esse homem em Cristo, Filipe pregou nas cidades costeiras da Palestina e estabeleceu muitas congregações de fiéis.

Convertidos. Quatro convertidos entram na nossa lista dos personagens importantes do Período do Derramamento. O primeiro foi **Simão, o mago**. Em Samaria, Filipe trouxe a Cristo um embusteiro notável. Depois de ser batizado, Simão seguia Filipe por todo lado, impressionado com os grandes milagres que este fazia. Simão também notou que após receberem a imposição de mãos dos apóstolos, alguns samaritanos recebiam dons especiais do Espírito. Simão tentou comprar esse poder dos apóstolos, para que ele também pudesse distribuir dons impondo suas mãos sobre os outros. Pedro ficou horrorizado só de ouvi-lo dizer isso, e repreendeu Simão de forma muito forte. Simão sentiu-se pego de surpresa, e pediu que orassem por ele (Atos 8).

Outro personagem importante vem logo em seguida, um **homem africano** ou "etíope". (Na verdade este é um termo geral para pessoas negras; a "Etiópia" equivale não ao país da atualidade, mas à região da Núbia, no atual Sudão, ao sul do Egito.) Um anjo enviou Filipe para uma estrada pouco movimentada, onde certo alto oficial (um eunuco) africano voltava para a sua terra, depois de ter estado em Jerusalém para as festividades. Filipe alcançou a carruagem e conversou com ele. Explicou-lhe a profecia de Isaías 53, falou-lhe sobre Jesus. Um pouco mais à frente na viagem, eles passaram por um local com água. O eunuco pediu que Filipe o batizasse (Atos 8). De volta para seu país, lá certamente compartilhou o evangelho, ajudando a estabelecer a igreja no continente africano.

O terceiro convertido na lista de personagens fundamentais chamava-se **Saulo de Tarso** (uma cidade na atual Turquia). Saulo fora um estudante rabínico brilhante e estava na linha de frente da perseguição judia aos cristãos. Depois da sua conversão à fé cristã, seu nome muda de Saulo para Paulo. Ele se tornou o maior teólogo e defensor dos primeiros anos do cristianismo. Veja mais adiante em *Grandes Eventos*.

O quarto convertido entre os personagens fundamentais é **Cornélio**. Ele era um soldado romano destacado para a Cesareia, a capital da região romana. Este homem havia sido exposto aos ensinos do Antigo Testamento graças ao contato que tinha com os judeus. Ele acreditava no Deus verdadeiro. Ele orava todo dia. E fazia o que estava ao seu alcance para ajudar os pobres. Cornélio, no entanto, precisava conhecer a Cristo. Deus enviou um anjo, que disse a este soldado para mandar chamar Pedro, que estava naquela região. Ao ouvir Pedro pregar-lhe o evangelho, Cornélio tornou-se o primeiro gentio (não-judeu) convertido ao cristianismo.

Grandes Eventos

Os derramamentos do Espírito no começo e no final do Período do Derramamento foram certamente os maiores. Entre estes dois, todavia, houve cinco outro incidentes que pela sua importância também foram grandes eventos.

- **Cura no Templo**
- **Morte de hipócritas**
- **Ordenação de diáconos**
- **Apedrejamento de Estêvão**
- **Conversão de Saulo**

Cura no Templo (Atos 3). Dos muitos milagres realizados pelos apóstolos durante os primeiros dias da igreja, apenas a cura de um deficiente que ficava junto ao Templo encontra-se registrada com detalhes (Atos 3). A motivo para que este milagre em particular tenha recebido destaque foram as ramificações que dele decorreram para a igreja. Este milagre foi realizado dentro dos arredores do Templo, uma área controlada pelos sacerdotes (que eram saduceus). É o acontecimento que vem logo antes do segundo sermão evangelístico de que temos registro. Como o primeiro sermão, este também foi proferido por Pedro. Sua mensagem teve como foco Jesus e sua ressurreição. O sermão de Pedro foi interrompido pela guarda do Templo, controlada pelos sacerdotes. Eles não estavam inclinados a permitir qualquer pregação sobre Jesus no seu território! Pedro e João foram presos e passaram a noite na prisão. No dia seguinte, eles foram advertidos pelo Sinédrio (a corte judaica) para não pregarem em nome de Jesus. Assim, temos a cura do deficiente junto ao portão do Templo levou à primeira instância de oposição religiosa à igreja que crescia.

Morte de hipócritas (Atos 5). Ananias e sua esposa Safira venderam uma de suas propriedades. Eles decidiram que iriam dar uma parte dos valores obtidos para a igreja. No entanto, eles fingiram que estavam oferecendo a totalidade do montante ao Senhor. Ao que parece, eles queriam que os outros cristãos os elogiassem. Um de cada vez — primeiro Ananias, depois a esposa —, eles procuraram os apóstolos e contaram sua mentira. Os dois caíram mortos logo que o fizeram. "E grande temor apoderou-se de toda a igreja e de todos os que ouviram falar desses acontecimento" (Atos 5:11). Já desde o começo do cristianismo, Deus estava avisando seu povo que a hipocrisia não lhe agrada e não passa impune. O resultado foi que aqueles que não eram sinceros em sua fé afastaram-se dos cristãos. Por outro lado, os que realmente amavam o Senhor aceitaram a Cristo e foram acrescentados à igreja (Atos 5:13–14).

Ordenação de diáconos (Atos 6). Os membros de fala grega da igreja começaram a reclamar por reparar que suas viúvas não estavam sendo ajudadas na mesma medida diária que as viúvas que falavam aramaico. Os Doze propuseram que sete homens fossem selecionados para assumirem a responsabilidade pela distribuição diária. A congregação escolheu esses homens — e todos tinham nomes gregos. Estes homens foram ordenados pelos apóstolos para este importante ministério. O texto não os chama de *diáconos* (uma palavra grega para "servos"). Muitos, no entanto, entendem que este incidente no mínimo estabelece o precedente para que se tenha diáconos nas congregações locais. A ordenação destes sete homens tem especial importância por várias razões. Primeiro, ela resolveu um problema interno dentro da igreja de forma construtiva. Segundo, ela estabelece um precedente sobre como se formam as linhas de frente de ministérios na igreja local. Terceiro, quando os apóstolos impuseram suas mãos sobre estes homens, eles lhes conferiram o poder de realizar milagres em nome de Jesus. Dois destes sete contam-se entre os primeiros cristãos que faziam milagres além dos próprios apóstolos (Atos 6:8; 8:6).

Apedrejamento de Estêvão (Atos 7). A morte de Estêvão por apedrejamento assinala a intensificação da perseguição aos cristãos em Jerusalém. Depois desta morte, os cristãos se espalharam em todas as direções. (Atos 8:1).

Conversão de Saulo (Atos 9). Saulo era o principal opositor do cristianismo em seus primeiros anos. O próprio Cristo apareceu para ele enquanto ele estava viajando para Damasco, numa missão para prender cristãos lá. Enquanto estava na estrada, Saulo de repente viu uma luz que o cegou. Ele ouviu Jesus falar diretamente com ele dos céus. O Senhor orientou Saulo a continuar e ir até Damasco. Lá, um pregador local veio e restaurou os olhos de Saulo e batizou-o em Cristo. Saulo imediatamente começou a pregar o evangelho nas sinagogas de Damasco. Algum tempo depois, ele se uniu a Barnabé e trabalhou ensinando numa igreja que crescia rapidamente em Antioquia. Foi nessa época que os discípulos começaram a ser chamados de *cristãos* (Atos 11:26). A conversão de Saulo fez com que parasse a perseguição religiosa das autoridades judaicas aos cristãos em Jerusalém.

Grandes Milagres

Falar em idiomas sem tê-los aprendido foi sinal que o Espírito Santo havia sido derramado, tanto no Pentecostes quanto dez anos depois na casa de Cornélio (Atos 2:4; 10:46). Um acontecimento similar também pode ter acontecido conforme Pedro e João impunham as mãos sobre os novos cristãos samaritanos (Atos 8:18). Durante os primeiros dias do cristianismo, os apóstolos realizavam maravilhas e sinais praticamente todo dia (Atos 2:43; 5:12–16). Depois de receberem a imposição das mãos dos apóstolos, Estêvão e Filipe também realizaram maravilhas e sinais (Atos 6:8; 8:6, 13). Os grandes milagres do Período do Derramamento são:

- **Cura no Templo**
- **Fuga da prisão**
- **Cura de um paralítico**
- **Ressurreição de Dorcas**

Cura no Templo (Atos 3). Havia um homem deficiente, coxo desde o nascimento, que era levado até o portão do Templo diariamente. Lá, ele pedia por esmolas àqueles que entravam ou saíam. Certo dia, Pedro e João viram-no e pararam diante dele. Eles disseram-lhe para olhar para eles. Então, mandaram que, em nome de Jesus, andasse. Pedro ajudou o homem a se levantar. No mesmo instante seus pés e tornozelos ficaram firmes. Ele ficou de pé num salto, e começou a andar e pular enquanto louvava a Deus. As ramificações deste milagre foram detalhadas na seção anterior de *Grandes Eventos*.

Fuga da prisão (Atos 5:19). Os apóstolos foram presos pela guarda do Templo. Em seguida, foram jogados na prisão pública. Durante aquela noite, um anjo do Senhor abriu miraculosamente as portas da prisão e trouxe-os para fora. O anjo disse aos apóstolos para retornarem ao Templo e pregarem o evangelho. Eles assim fizeram. No dia seguinte, eles foram presos novamente e açoitados por ordem das autoridades religiosas.

Cura de um paralítico (Atos 9:32–35). Enquanto visitavam os novos cristãos que viviam nas planícies costeiras da Palestina, Pedro conheceu Eneias. Ele estava de cama há oito anos por causa de uma paralisia. Pedro anunciou que iria curá-lo. Ele mandou que o homem se levantasse da cama. Este milagre impulsionou o crescimento da igreja nas áreas mais afastadas da Judeia.

Ressurreição de Dorcas (Atos 9:36–41). Pouco depois da cura de Eneias, morreu uma conhecida mulher cristã da cidade de Jope (ou Jafa). O corpo dela foi lavado, conforme os costumes da época. Depois, foi colocado num dos cômodos superiores, aguardando o sepultamento. Os cristãos locais chamaram Pedro. Quando o apóstolo entrou no cômodo, ele se viu cercado de viúvas chorando. Elas lhe mostraram as roupas que a mulher, Dorcas, fazia para os pobres. Pedro disse aos pranteadores para saírem. Ele se ajoelhou ao lado da cama e orou. Geralmente, não é relatado que os apóstolos orassem antes da realização de milagres. Este caso, no entanto, era diferente. A mulher já estava morta. Pedro precisava antes falar com a Chefia antes de tentar levantar Dorcas dos mortos. Depois de fazer isso, ele tomou-a pela mão. Pedro disse a ela para levantar-se. Dorcas abriu os olhos e sentou-se na cama. Ele a ajudou a ficar de pé. E apresentou-a, viva, aos outros crentes. Este milagre teve um impacto tremendo na região costeira. Muitos voltaram-se para o Senhor.

A Mensagem de Deus

Os apóstolos foram guiados pelo Espírito Santo a toda a verdade. É por isso que o Período do Derramamento é cheio de revelações. Destas, quatro revelações destacam-se como as mais importantes:

- **Cristo entronizado**
- **Perdão oferecido**
- **Barreiras removidas**
- **Arauto designado**

Cristo entronizado. No seu primeiro sermão, Pedro revelou aos que o ouviam o fato da ascensão de Cristo aos céus depois da sua ressurreição. Pedro indicou que os sinais vistos e ouvidos no Pentecostes, junto com a fala em línguas estrangeiras, eram prova de que Cristo havia, do seu trono celestial, derramado do seu Espírito Santo. Além disso, ele citou profecias do Antigo Testamento que prediziam tal entronização (Atos 2:31–35). O evento de Pentecostes marca o início do reinado de Cristo, o reino celestial do qual João Batista e Jesus tanto falaram durante o Período da Encarnação.

Perdão oferecido. A pregação de Pedro no dia de Pentecostes atingiu em cheio os corações dos judeus que ouviram as suas palavras. Eles passaram a compreender a gravidade do seu terrível pecado quando rejeitaram Jesus e exigiram sua execução. Os judeus exclamaram desesperados: "Irmãos, que faremos?" O próprio fato desta pergunta ter sido feita implica que estes judeus agora reconheciam Jesus — agora eles criam nele. Pedro respondeu a estes pecadores: "Arrependam-se, e cada um de vocês seja batizado em nome de Jesus Cristo para remissão dos seus pecados, e vocês receberão o dom do Espírito Santo" (Atos 2:38, NAA). Debaixo do reino de Cristo, os pecadores precisam acreditar em Cristo, arrepender-se do seu pecado e ser batizados para o perdão dos próprios pecados. Só depois que aceitaram o evangelho nestes termos poderão ter a confiança bíblica de que têm perdão e salvação.

Barreiras removidas. Jesus comissionou seus seguidores a irem mundo afora e pregarem o evangelho a toda criatura. Mas passados quase dez anos, a igreja ainda não havia alcançado os gentios. Enquanto estava orando no topo da laje de uma casa em que estava hospedado, Pedro entrou num transe. Ele teve a visão de um lençol que baixou do céu, com animais puros e impuros conforme a lei judaica. Uma voz disse-lhe para comer da carne dos animais impuros. Por causa de sua formação judaica, Pedro ficou horrorizado só de pensar em fazê-lo. Por três vezes o lençol foi baixado. Por três vezes a voz disse a Pedro para comer. De início, Pedro ficou intrigado com o que essa visão significaria. Logo, chegaram mensageiros do gentio Cornélio, que convidava Pedro para vir e pregar a boa nova. Foi então que Pedro entendeu que

Deus estava a sinalizar que todas as barreiras que separavam judeus e gentios foram removidas. Os gentios não mais deveriam ser considerados "impuros" nem inalcançáveis para o evangelho do Cristo. (Atos 10).

Arauto designado. O Senhor revelou a um pregador cristão que (também) se chamava Ananias o ministério futuro de Saulo de Tarso. Saulo havia sido escolhido para ser instrumento de Deus, para levar o nome do Cristo para os gentios (Atos 9:15).

Antecipação no Antigo Testamento

Pedro explicou à multidão do Pentecostes que eles estavam testemunhando o cumprimento de uma predição feita pelo profeta Joel oitocentos e cinquenta anos antes: "Ao contrário, isto é o que foi predito pelo profeta Joel: 'Nos últimos dias, diz Deus, derramarei do meu Espírito sobre todos os povos' "(Atos 2:16–17). O Pentecostes marcou o início da Era do Espírito antecipada por Joel.

Evento Divisor de Águas

Enquanto Pedro pregava o evangelho às pessoas reunidas na casa de Cornélio, seu sermão foi interrompido. Deus derramou do seu Espírito Santo dos céus sobre Cornélio, do mesmo modo como tinha derramado sobre os apóstolos no dia de Pentecostes, dez anos atrás. Pedro então teve certeza que este era o sinal de que Deus aceitava os gentios (não-judeus). O apóstolo ordenou que os presentes fossem batizados de imediato.

Pedro tornou-se alvo da crítica de cristãos judeus quando batizou os primeiros convertidos gentios. Enquanto explicava o que havia acontecido na casa de Cornélio, Pedro comentou o seguinte:

> Quando comecei a falar, o Espírito Santo desceu sobre eles como sobre nós no princípio. Então me lembrei do que o Senhor tinha dito: "João batizou com água, mas vocês serão batizados com o Espírito Santo." Se, pois, Deus lhes deu o mesmo dom que nos tinha dado quando cremos no Senhor Jesus Cristo, quem era eu para pensar em opor-me a Deus? (Atos 11:15–17).

Estas palavras de Pedro conectam o ocorrido na casa de Cornélio com o ocorrido no dia de Pentecostes em Atos 2. Esses eventos também conectam-se à promessa de João do batismo com o Espírito Santo (Mateus 3:11). Estes dois derramamentos (ou batismos com o Espírito Santo) são os eventos divisores águas que assinalam o início e o final do Período do Derramamento.

Quadro Resumido

Período Nº 15 **Período do Derramamento** Atos 1—11					
D E R R A M E N T O	A igreja se estabelece na região de Jerusalém		A igreja se dispersa até a região da Antioquia Morte de Estêvão		**D E R R A M E N T O**
Pentecostes	**Homem coxo Curado**	**Diáconos ordenados**	**Campanha na Samaria**	**Conversão de Saulo**	**Cornélio**
30 d.C.	30–34 d.C.		34–39 d.C.		39 d.C.
Atos 1–2	**Atos 3–6**		**Atos 7–9**		**Atos 10–11**

Capítulo Dezesseis

Período Paulino
Até os Confins da Terra

Saulo (que mais tarde será chamado de Paulo) trabalhou em duas obras dignas de nota antes de servir como missionário. Imediatamente após seu batismo, ele saiu a pregar a Cristo nas sinagogas de Damasco (Atos 9:20–22). Depois, ele fez uma breve viagem para Jerusalém. De lá, voltou para sua cidade natal, Tarso. Não temos registro bíblico do que ele falou ou fez enquanto pregou lá. Ao redor do ano 41, Barnabé trouxe Saulo para trabalhar com ele na igreja de Antioquia, que estava crescendo (Atos 11:25–26).

E por volta do ano 45, o Espírito Santo chamou Saulo/Paulo e Barnabé para irem trabalhar como missionários. A partir deste momento, Paulo se torna a pessoa de maior destaque no avanço do cristianismo, especialmente entre os gentios.

A maior parte do Período Paulino encontra-se documentada em **Atos 12—28**. Além destes capítulos, alguns detalhes da vida de Paulo podem ser reconstruídos a partir de referências nas epístolas paulinas.

Duração

É possível dizer que o Período Paulino vai da data da conversão de Cornélio (ao redor do ano 39) – embora Paulo só fosse se tornar uma figura de grande destaque na igreja dali a seis anos. O Período Paulino termina com o confinamento de Paulo em Roma, por volta do ano 63. Assim, a duração do período todo é de cerca de **24 anos**.

Tema Escriturístico

A essência do Período Paulino e do espírito do próprio Paulo encontram-se capturadas nestas palavras escritas pela pena do décimo terceiro apóstolo:

> Não me atrevo a falar de nada, exceto daquilo que Cristo realizou por meu intermédio em palavra e em ação, a fim de levar os gentios a obedecerem a Deus, pelo poder de sinais e maravilhas e por meio do poder do Espírito de Deus. Assim, desde Jerusalém e arredores, até o Ilírico [atual Albânia], proclamei plenamente o evangelho de Cristo. Sempre fiz questão de pregar o evangelho onde Cristo ainda não era conhecido, de forma que não estivesse edificando sobre alicerce de outro (Romanos 15:18–20).

Pessoas Principais

Obviamente, o personagem principal do Período Paulino é Paulo. Mas encontramos outras figuras importantes neste período, e podemos separá-las nestas duas categorias:

Colaboradores de Paulo	Outros líderes
• Barnabé	• Pedro
• Silas	• Tiago
• Timóteo	(irmão de Jesus)
• Tito	• Apolo
• Pricila e Áquila	(o evangelista)

Colaboradores de Paulo. O primeiro colaborador ministerial de Paulo foi **Barnabé**. Ele já havia ensinado junto com Paulo em Antioquia. Noutra ocasião, Barnabé hesitou quanto à aceitação plena dos cristãos gentios (não-judeus) (Gálatas 2:13). Ele viajou com Paulo no que hoje denomina-se Primeira Viagem Missionária. Barnabé foi um dos principais preletores na conferência de Jerusalém, quando discutiu-se a questão acerca dos gentios convertidos a Cristo (Atos 15). Depois, ele teve um momento de discordância com Paulo, porque Barnabé queria levar João Marcos (o escritor do evangelho segundo Marcos) consigo na Segunda Viagem Missionária deles, e

Paulo era contra. Os dois missionários decidiram então seguir cada um o seu caminho. Barnabé retornou a Chipre, onde encorajou os novos cristãos ali.

O segundo dos colaboradores de Paulo foi **Silas** (às vezes também chamado Silvano). Nós o vemos pela primeira vez após a conferência em Jerusalém no ano 50. Silas ficou encarregado de levar as notícias da conferência de Jerusalém para os crentes em Antioquia (Atos 15:22). Mais tarde, ele viria a se tornar companheiro de Paulo na Segunda Viagem Missionária. Silas e Paulo foram espancados em Filipos. Eles passaram a noite numa prisão nessa cidade. O nome de Silas também aparece junto com os de Paulo e Timóteo, logo nos primeiros versículos das duas cartas enviadas a Tessalônica. Depois da Segunda Viagem Missionária de Paulo, Silas juntou-se a Pedro em missões nas províncias romanas do Ponto e da Capadócia (em território que atualmente compõe a Turquia) Silas também ajudou Pedro como seu escriba, escrevendo no papiro as palavras da sua primeira carta (1 Pedro 5:12).

Paulo pediu ao jovem **Timóteo** que o acompanhasse na Segunda Viagem Missionária. Este jovem cristão havia primeiro ouvido o evangelho quando Paulo tinha passado por Listra, na Primeira Viagem Missionária. Paulo enviou Timóteo em várias missões cruciais (Atos 17:14–15; 18:5; 19:22; 20:4; Romanos 16:21; 1 Coríntios 16:10; 2 Coríntios 1:19; 1 Tessalonicenses 3:2, 6). Por exemplo, numa vez em que não podia ir a Corinto, Paulo enviou Timóteo como representante de si e dos seus ensinos (1 Coríntios 4:17). O nome de Timóteo aparece junto ao de Paulo nos versículos de abertura de seis cartas do Novo Testamento. Fora isso, temos duas cartas pessoais que Paulo mandou a Timóteo, encorajando-o e instruindo-o em seu ministério. Na verdade, a última carta que Paulo escreveu foi 2 Timóteo.

Há mais um colaborador de Paulo que, curiosamente, não é mencionado no livro de Atos. Porém, lendo as cartas de Paulo, fica claro que **Tito** era um dos homens mais importantes no trabalho do apóstolo. A ele foi confiada a delicada tarefa de entregar em Corinto a carta severa de Paulo (2 Coríntios 2:1–4) e corrigir os problemas daquela igreja (2 Coríntios 7:13–15). Depois de executar com sucesso essa missão, Tito foi falar pessoalmente com Paulo, que esperava ansioso por notícias na Macedônia (2 Coríntios 2:13; 7:5–6, 13–15). Paulo respondeu por escrito com a segunda epístola aos coríntios, provavelmente entregue por Tito (2 Coríntios 8:6, 16–18, 23).

Outros dois importantes colaboradores foram **Priscila e Áquila**, um casal que Paulo conheceu quanto esteve em Corinto. Eles eram colegas de profissão de Paulo: faziam tendas (2 Timóteo 4:19; Atos 18:2). Estes dois cristãos dedicados foram deixados por Paulo em Éfeso quando do final da sua Segunda Viagem Missionária (Atos 18:19), para preparar o terreno para esforços futuros. Havia uma igreja que se reunia na casa deles. Eles se juntam a Paulo quando este está em Éfeso e escreve à igreja em Corinto (1 Coríntios 16:19). A referência em Romanos 16:3 provavelmente indica que Priscila e Áquila estavam em Roma. Esses dois arriscavam suas vidas por Paulo (Romanos 16:4). Na última vez que são mencionados, eles estão em Éfeso, a ajudar Timóteo (2 Timóteo 4:19).

Outros líderes. Além destes que trabalharam diretamente com Paulo, três outros líderes cristãos entram na nossa lista de personagens fundamentais no Período Paulino. **Pedro** continuou a desempenhar importante papel de liderança na igreja durante o Período Paulino. Herodes prendeu Pedro e pretendia executá-lo. Mas, um anjo de Deus abriu-lhe os portões da prisão, e Pedro escapou. Depois da morte do rei Herodes, Pedro retornaria a Jerusalém. São dele algumas das falas mais importantes proferidas na conferência de Jerusalém quando discutiu-se a questão dos gentios na igreja (Atos 15).

Durante o Período Paulino, **Tiago, o meio-irmão de Jesus** alcançou proeminência na congregação de Jerusalém. Ele pronunciou-se na conferência em Jerusalém quanto aos gentios na igreja (Atos 15). Tiago sentiu-se chamado a trabalhar com os judeus (Gálatas 2:9). Foi durante este período que Tiago escreveu um dos livros da nossa Bíblia. Alguns estudiosos acreditam que a epístola de Tiago foi o primeiro livro do Novo Testamento a ser escrito.

O terceiro líder que não trabalhava junto a Paulo no ministério foi o **evangelista Apolo**, vindo da Alexandria, no Egito. Ele havia sido discípulo de João Batista. Enquanto visitava Éfeso, ele conheceu Priscila e Áquila (amigos de Paulo). Estes lhe expuseram mais perfeitamente o caminho do Senhor (Atos 18:24–26). Embora ele tivesse muito conhecimento da Escritura e fosse um orador poderoso, ele não foi orgulhoso e deu ouvidos ao casal de fazedores de tendas. Apolo tornou-se um forte defensor da fé cristã. Paulo refere-se a ele como um ministro fiel do evangelho (1 Coríntios 16:12). A última menção a Apolo encontra-se em Tito 3:13, quando Paulo pede a Tito que vá ao encontro dele e o ajude.

Grandes Eventos

Sete eventos foram de maior importância durante o Período Paulino. São eles:

- **Execução do apóstolo Tiago**
- **Primeira Viagem Missionária**
- **Conferência em Jerusalém**
- **Segunda Viagem Missionária**
- **Terceira Viagem Missionária**
- **Prisão de Paulo em Cesareia**
- **Viagem para Roma**

Execução de Tiago (Atos 12). O rei Herodes (neto de Herodes, o Grande), para tentar comprar o favor dos judeus em Jerusalém, prendeu e *executou o apóstolo Tiago*. Ele foi decapitado com um golpe de espada. Tiago foi o primeiro apóstolo dos Doze a morrer por sua fé.

Primeira Viagem Missionária (Atos 13—14). A Primeira Viagem Missionária de Paulo pode ser datada dos anos 45–48 d.C. Barnabé foi o companheiro de Paulo nesta viagem. João Marcos, autor do evangelho de Marcos, inicialmente acompanhou os missionários, mas mais tarde voltou para casa. Paulo visitou a ilha de Chipre, onde um oficial romano foi convertido. Dali, os missionários viajaram por várias províncias romanas (cujos territórios hoje fazem parte da Turquia moderna). Paulo pregou seu primeiro sermão de que temos registro numa cidade chamada Antioquia (apesar do mesmo nome, uma cidade diferente daquela de onde os missionários partiram). Igrejas foram estabelecidas nestas cidades: Antioquia, Icônio, Listra e Derbe. Depois de estabelecer uma igreja em Derbe, os missionários fizeram uma viagem de volta pelo mesmo trajeto. Eles designaram anciãos em cada cidade. Depois, ele voltaram para sua base de operações na Síria. A Primeira Viagem Missionária cobriu mais de 1.500 km.

Conferência em Jerusalém (Atos 15). Circulavam pelas igrejas falsos mestres vindos de Jerusalém, que afirmavam ter respaldo apostólico. Esses homens estavam dizendo aos gentios que eles precisavam obedecer à Lei de Moisés; senão, não poderiam ser cristãos. Paulo e Barnabé enfrentaram essas pessoas. Os dois foram a Jerusalém para discutir, junto com os apóstolos e os anciãos, a situação dos gentios na igreja. Acontece que era falsa a alegação desses tais mestres que diziam ter apoio dos apóstolos. Pedro, Paulo, Barnabé e Tiago (meio-irmão do Senhor) foram alguns dos que tomaram a palavra nessa reunião. Assim, a posição da igreja a respeito dos gentios foi expressa numa carta aberta às igrejas. Esta carta declarava que não seria requerido que os gentios se circuncidassem nem que obedecem à Lei Mosaica.

Segunda Viagem Missionária (Atos 16—18). A Segunda Viagem Missionária datada dos anos 51–53 d.C. Silas, Timóteo e Lucas (autor de um dos evangelhos e do livro de Atos) acompanharam Paulo ao longo desta viagem. Eles começaram por terra, pela região hoje abrangida pela atual Turquia. Quando a equipe de missionários alcançou o Mar Egeu, Paulo teve uma visão que lhe chamou para atravessar rumo ao continente europeu e lá pregar. Foi o que ele fez. Lídia era uma mulher de negócios; às vezes, pensa-se que ela seja primeira a converter-se na Europa. Os missionários estabeleceram igrejas nas cidades de Filipos, Tessalônica, Bereia, Corinto e talvez Atenas, todas na região que hoje reconhecemos como Grécia. De Corinto, todos embarcaram de volta para casa. Foi durante esta viagem que Paulo escreveu mais um pouco do Novo Testamento: as cartas de 1 & Tessalonicenses. Esta viagem cobriu quase 3.200 km.

Terceira Viagem Missionária (Atos 19—20). Depois de descansar brevemente na sua cidade-base em Antioquia, Paulo partiu para sua Terceira Viagem Missionária, datada dos anos 54–57 d.C.

Quanto ao caminho de ida desta viagem, não temos registro de seus companheiros de viagem (se é que Paulo teve algum). Já no caminho de volta, ele foi acompanhado por sete representantes das igrejas. Estes traziam consigo uma oferta para os cristãos pobres em Jerusalém. A grande cidade de Éfeso, situada na costa da atual Turquia, foi a base de operações de Paulo nessa viagem. Paulo, no entanto, fez uma visita rápida à Grécia para lidar com alguns problemas pelos quais as igrejas lá passavam. Durante esta Terceira Viagem Missionária, Paulo escreveu mais quatro dos livros do nosso Novo Testamento: Romanos, Gálatas e 1 & 2 Coríntios. Esta viagem cobriu aproximadamente a mesma distância da segunda.

Prisão em Cesareia (Atos 24—26). Enquanto levava as ofertas das igrejas para Jerusalém, Paulo quase foi morto por judeus que se opunham a ele. Ele foi resgatado da morte certa mais de uma vez por ninguém menos que soldados romanos em Jerusalém. Para garantir a segurança do próprio Paulo, os romanos o levaram para Cesareia, na costa do Mar Mediterrâneo. Chegando lá, ele foi julgado por dois governadores romanos. Paulo passou dois anos preso em Cesareia. Quando ficou evidente que ele não conseguiria ser julgado de forma justa em Cesareia, Paulo fez valer seus direitos como cidadão romano: ele exigiu ser julgado em Roma, diante do próprio imperador. Os anos que Paulo passou em Cesareia foram 58–60 d.C.

Viagem para Roma (Atos 27—28). A viagem de Paulo para Roma foi penosa. O capitão do navio teve a péssima ideia de navegar por mar aberto numa época do ano em que toda a navegação normalmente parava. Um tufão fez com que a embarcação perdesse o rumo, por duas semanas. Os marinheiros jogaram fora toda a carga. E o controle do navio foi totalmente perdido. Paulo assegurou aos passageiros aterrorizados que ninguém perderia sua vida se todos ficassem juntos. O navio afinal encalhou e partiu-se em pedaços. Felizmente, foi perto o suficiente da praia para que as pessoas pudessem ir nadando ou agarradas nos destroços. Os viajantes, encharcados e com frio, viram-se na ilha de Malta. Eles permaneceram lá por vários meses antes de tomar outro navio para a Itália. De lá, Paulo foi conduzido por uma guarda romana por mais alguns quilômetros até Roma.

Grandes Milagres

Temos o registro bíblico destes oito milagres no Período Paulino:

- Libertação da prisão
- Herodes é castigado
- Um feiticeiro é castigado
- Cura de um deficiente
- Falar em idiomas estrangeiros
- Ressurreição de Êutico
- Sobreviver a uma cobra
- Cura do pai de um oficial

Pedro foi preso pelo rei Herodes, que planejava executá-lo logo depois do feriado da Páscoa judaica. Pedro dormia entre dois soldados e tinha algemas nos punhos. À noite, um anjo apareceu na cela. As algemas caíram, as portas da prisão se abriram, e Pedro pôde sair andando da prisão. Essa **libertação da prisão** sem dúvida salvou a vida de Pedro (Atos 12:5–10).

Mais adiante, lemos que o rei Herodes (neto de Herodes, o Grande) fazia um de seus discursos diante de uma grande multidão na cidade de Cesareia, numa espécie de estádio. O povo pôs-se a bajular o rei, dizendo que a voz de Herodes era como a voz de um deus. O rei gostou e aceitou essa bajulação blasfema – e por causa disso um anjo do Senhor *castigou Herodes* na hora. Ele foi comido de vermes e morreu. Sua morte abrandou a perseguição à igreja na Palestina por algum tempo (Atos 12:21–23).

Havia na ilha de Chipre um feiticeiro judeu (pois é!), chamado Bar-Jesus (nome que significa "filho de Jesus"), que tentava interferir quando o evangelho foi pregado a um governador romano. Paulo anunciou que Deus **castigaria o feiticeiro** com uma cegueira temporária. No mesmo instante, a vista dele ficou borrada e escureceu-se. Esta demonstração impressionante do poder de Deus levou o governador a converter-se (Atos 13:11).

Na cidade de Listra, Paulo reparou num **deficiente** em meio à multidão. Era um homem aleijado, e Paulo viu nele a fé para que fosse curado. Paulo chamou-o e mandou que ele ficasse de pé. E o homem foi curado na hora (Atos 14:8-10).

Paulo encontrou-se com toda uma dezena de discípulos de João Batista na cidade de Éfeso. Quando eles puderam ouvir a totalidade do evangelho, foram batizados. Paulo impôs suas mãos sobre estes doze homens. Naquele mesmo momento, o Espírito Santo desceu sobre eles, e eles *falaram em idiomas estrangeiros* e profetizaram (Atos 19:6).

Em outra ocasião, Paulo pregava até tarde da noite na cidade de Troâde. Um dos presentes era Êutico, um rapaz que pegou no sono durante o sermão e caiu da janela do terceiro andar do prédio. Paulo abraçou o corpo do jovem sonolento e anunciou que ele estava vivo, para alívio e alegria de todos (Atos 20:7-12). A **ressurreição de Êutico** por Paulo faz eco à ressurreição de Dorcas por Pedro, no Período do Derramamento.

Depois do naufrágio na ilha de Malta, enquanto gravetos eram recolhidos para fazer uma fogueira, Paulo foi mordido por uma *cobra venenosa*. Os nativos sabiam que o veneno levava à morte em questão de instantes. Paulo, no entanto, não sofreu efeito algum da picada (Atos 28:3-4).

O pai do governador da ilha, que acolheu os viajantes, vinha sofrendo de um quadro grave de febre e disenteria. Paulo foi vê-lo, orou e o homem foi **curado**. Este é o único registro de uma oração antes de um milagre de cura no livro de Atos. As pessoas supersticiosas de Malta pensaram que Paulo fosse um deus. Ao orar ao Deus verdadeiro, Paulo mostrava que era apenas um homem (Atos 28:7-9).

A Mensagem de Deus

Uma grande parte da doutrina cristã encontra-se magistralmente apresentada nos quinze livros compostos ao longo do Período Paulino. Juntas, todas as obras da chamada *literatura paulina* (mais a carta aos Hebreus) compreendem um terço de todo o Novo Testamento. Para os propósitos deste curso bem simples da história bíblica, vamos subdividir as revelações mais importantes do Período Paulino com estes cinco cabeçalhos:

- **Cristo**
- **Cruz**
- **Aliança**
- **Igreja**
- **Vinda**

Cristo. O Espírito Santo guiou Paulo no desenvolvimento da doutrina sobre Jesus Cristo, especialmente nas epístolas aos Efésios e aos Filipenses. Cristo é a imagem de Deus (Colossenses 1:15). Em Cristo habitou a plenitude da divindade (Colossenses 2:9). Quando Cristo veio a este mundo, ele esvaziou-se da glória celestial e tomou a forma de servo, sendo obediente a ponto de morrer (Filipenses 2:5–11). Cristo é superior – aos profetas do Antigo Testamento (Hebreus 1:1–3), aos anjos (Hebreus 1:4–14), a Moisés (Hebreus 3:1–6) e ao sacerdócio do Antigo Testamento (Hebreus 5).

Cruz. A doutrina da Cruz pode ser resumida deste modo: O salário do pecado é a morte (Romanos 6:23). Assim, merecemos a morrer eternamente por nossos pecados. Cristo morreu pelos nossos pecados (Romanos 5:8; 1 Coríntios 15:3; 1 Pedro 3:18). Ele morreu como forma de resgate, para nos libertar da condenação da morte eterna (Hebreus 9:15; 1 Timóteo 2:6).

Aliança. Cristo instituiu uma nova aliança (Hebreus 9:15) que suplanta a velha aliança que fora estabelecida por Moisés (Hebreus 8:7). Debaixo deste novo acordo divino, Deus promete dar bênçãos àqueles que colocam sua fé em Cristo como o Filho de Deus. Estas bênçãos incluem o perdão de pecados, a presença interior do Espírito Santo e a vida eterna. Esta nova aliança é celebrada e relembrada toda semana, na refeição simbólica à Mesa do Senhor (Atos 20:7; 1 Coríntios 11:25). Esta nova aliança é superior à velha (2 Coríntios 3:6; Hebreus 7:22).

Igreja. A doutrina da igreja está enfatizada de forma mais especial na carta aos Efésios. A igreja é o corpo de Cristo (Efésios 1:23), é a noiva de Cristo (Efésios 5:25–27), e é o reino de Cristo aqui neste mundo (Colossenses 1:12–13). Cristo é o cabeça da igreja, aquele que tem toda a autoridade (Efésios 1:22). A igreja é composta de todos aqueles que foram salvos de seus pecados (Atos 2:47), tanto judeus quanto não-judeus (Efésios 2:14-18). As congregações locais podem contar com o trabalho dedicado dos evangelistas (2 Timóteo 4:5; Atos 21:8) e são administradas graças aos esforços conjuntos dos bispos e diáconos ou, "supervisores e servidores" (Filipenses 1:1). A igreja tem a responsabilidade de afastar aquelas pessoas que vivem vidas de forma contrária aos ensinamentos cristãos (1 Coríntios 5:13), ou que ensinam falsas doutrinas (Tito 3:10).

Vinda. Durante o Período Paulino, vieram mais informações sobre a segunda vinda de Cristo. Antes da vinda de Cristo, a humanidade irá se afastar muito de Deus. Lemos sobre "o homem da iniquidade" — uma pessoa que pretensamente diz ser divina e que engana usando sinais e maravilhas (2 Tessalonicenses 2:3-9). Quando Cristo retornar, os mortos em Cristo ressuscitarão primeiro. A transformação dos cristãos que estiverem vivos em seus corpos imortais se dará num piscar de olhos. Eles irão encontro do Senhor em pleno ar, e daí em diante estarão com ele para todo o sempre (1 Tessalonicenses 4:13-18). Ao mesmo tempo, aqueles que não conheceram a Deus ou não obedeceram o evangelho serão punidos com fogo inextinguível (2 Tessalonicenses 1:6-10). Os cristãos estarão diante do trono da justiça de Cristo, para receber as recompensas pelo que têm feito desde que se tornaram cristãos (2 Coríntios 5:10).

Antecipação no Antigo Testamento

O livro do profeta Isaías já antecipava o dia em que a luz do evangelho seria levada a todas as nações. Paulo citou Isaías 49:6 para justificar sua missão aos gentios: "Pois assim o Senhor nos ordenou: 'Eu fiz de você luz para os gentios, para que você leve a salvação até aos confins da terra'" (Atos 13:47).

Evento Divisor de Águas

Os cinco primeiros anos de Nero como imperador de Roma foram gloriosos (54-59 d.C.). Ele foi orientado por seu conselheiro, o filósofo estoico Sêneca, o Jovem. Foi durante estes anos que Paulo usou dos direitos da sua cidadania romana e apelou para que pudesse ter uma audiência diante de César (o imperador). Ele partiu para Roma no ano 60. Lá, ele ficou a aguardar o julgamento diante de Nero nos anos 61–63.

Na verdade, o primeiro aprisionamento romano de Paulo foi algo mais parecido com uma prisão domiciliar. Paulo tinha o direito de receber visitas. Ele escreveu quatro livros do Novo Testamento durante essa temporada: Efésios, Colossenses, Filipenses e Filemom. A carta aos Hebreus, que alguns acreditam ter sido escrita por Paulo (ou por outro discípulo próximo a ele), também pode ser deste período. Neste ponto se encerra o registro do livro de Atos sobre a vida de Paulo. Paulo acabou sendo liberto depois de dois anos, visto que seus acusadores lá de Jerusalém jamais vieram até Roma para dar prosseguimento ao seu julgamento.

Junto com o confinamento de Paulo nos anos 61–63 da Era Cristã, o Período Paulino da história bíblica chega aqui ao seu fim.

Quadro Resumido

Período Nº 16 Período Paulino Atos 12—28				
D E R R A M E N T O	Atividade pré-missionária Tarso Antioquia	Viagens missionárias Chipre "Turquia" Grécia	Temporada em custódia Cesareia Roma	P R I S Ã O
Cornélio	Atos 11:19—12:25	Atos 13—20	Atos 21—28	Paulo
39 d.C.	39–44 d.C.	45–58 d.C.	58–62 d.C.	63 d.C.

CAPÍTULO DEZESSETE

PERÍODO DA PERSEGUIÇÃO
A PROVA DE FOGO

Jesus avisou seus seguidores que eles enfrentariam perseguição. Essa predição começou a se cumprir quase que logo após o nascimento da igreja. Inicialmente, os cristãos estavam concentrados na região de Jerusalém. Eles entraram em conflito com as autoridades do Templo, porque acusavam os líderes judeus de terem crucificado Jesus. Os cristãos também corajosamente professavam a ressurreição de Jesus dentre os mortos — coisa que as autoridades religiosas achavam particularmente insultuoso. Quando avançamos cerca de quatro anos na história da igreja, a perseguição em Jerusalém estava num cenário particularmente feio. Estêvão havia sido morto apedrejado. Os cristãos haviam se espalhado. As autoridades do Templo comissionavam agentes para irem até cidades distantes prender cristãos, para trazê-los a julgamento em Jerusalém. A conversão de Saulo de Tarso trouxe um fim a esta fase persecutória (Atos 9).

Autoridades do governo envolveram-se na perseguição aos cristãos por catorze anos na história da igreja (44 d.C.). O rei Herodes Agripa I (neto de Herodes, o Grande) prendeu o apóstolo Tiago em Jerusalém e executou-o. Também prendeu Pedro, pretendendo fazer o mesmo. Pedro escapou da morte certa quando um anjo o libertou da prisão. A primeira perseguição do governo terminou quando o rei teve uma morte particularmente odiosa pouco depois de ter executado Tiago (Atos 12).

O agora cristão Paulo enfrentou oposição de autoridades dos governos locais em várias das cidades para as quais viajava. Geralmente era a população local de judeus quem incitava os anciãos da cidade contra Paulo.

O imperador Nero ordenou a primeira perseguição imperial aos cristãos. Uma segunda perseguição imperial teve início treze anos depois com o imperador Domiciano. Com os marcos destas horríveis perseguições, tanto desde o começo quanto até os últimos dos anos registrados na história bíblica, chamar estes tempos de Período da Perseguição é mais que apropriado.

A história do cristianismo que se segue ao aprisionamento de Paulo em Roma precisa ser reconstruída a partir de pistas deixadas nas cartas de **1 & 2 Timóteo**, **Tito**, aos **Hebreus**, de **1 & 2 Pedro**, de **1, 2 & 3 João**, de **Judas** e no **Apocalipse** de João.

Duração

O livro de Atos dos Apóstolos termina com Paulo em confinamento, em Roma. Era o ano 63 da Era Cristã. Usamos este evento para assinalar a conclusão do Período Paulino por três razões. Primeiro, porque foi ali que Lucas, autor do livro de Atos, decidiu encerrar sua narrativa sobre a vida de Paulo. Segundo, porque as informações que podemos saber da vida de Paulo depois de Atos 28 são poucas. Terceiro, porque os anos que se seguiram ao confinamento de Paulo em Roma foram caracterizados por duas grandes perseguições imperiais. Assim, os anos seguintes a 63 d.C. podem ser melhor visualizados como um período distinto da história bíblica.

O imperador Domiciano ascendeu ao trono no ano 81. Os primeiros historiadores cristãos falam de uma perseguição aos cristãos durante o reinado de Domiciano, durante o qual o apóstolo João foi exilado. Uma data aproximadamente ao redor do ano 96 da Era Cristã foi provavelmente quando se passou o exílio de João e a sua redação do livro de Apocalipse. João morreu (de morte natural) durante o reinado do imperador Trajano, provavelmente ao redor do ano 100. Esta data também serve bem como marco da conclusão da história bíblica. Deste modo, o Período da Perseguição pode ser datado dos anos 63–100 da Era Cristã, ou cerca de **37 anos**..

Tema Escriturístico

A tradição cristã relata que Pedro morreu durante a perseguição de Nero perto do tempo da morte de Paulo. A passagem a seguir provavelmente foi escrita durante essa perseguição. Ela caracteriza bem a situação no Período da Perseguição.

> Amados, não se surpreendam com o fogo que surge entre vocês para os provar, como se algo estranho lhes estivesse acontecendo. Mas alegrem-se à medida que participam dos sofrimentos de Cristo, para que também, quando a sua glória for revelada, vocês exultem com grande alegria. Se vocês são insultados por causa do nome de Cristo, felizes são vocês, pois o Espírito da glória, o Espírito de Deus, repousa sobre vocês. Se algum de vocês sofre, que não seja como assassino, ladrão, criminoso, ou como quem se intromete em negócios alheios. Contudo, se sofre como cristão, não se envergonhe, mas glorifique a Deus por meio desse nome (1 Pedro 4:12–16).

Pessoas Principais

No período final da história bíblica, quatro indivíduos podem ser identificados como líderes proeminentes na igreja. Destes, já havíamos reconhecido três deles como personagens fundamentais nos períodos anteriores da história do Novo Testamento.

- **Pedro**
- **Paulo**
- **João**
- **Judas**

Pedro. Não temos um registro detalhado das viagens de Pedro depois da conferência de Jerusalém (Atos 15). Sabe-se que ele visitou Antioquia (Gálatas 2:11ss) e provavelmente Corinto (1 Coríntios 1:12). Associa-se o nome do apóstolo a comunidades de cristãos em cinco províncias romanas localizadas na atual Turquia (1 Pedro 1:1). Uma forte tradição cristã indica que ele fez uma viagem a Roma. É quase certo que Pedro escreveu sua primeira carta quando estava em Roma, que ele chama de "Babilônia", querendo compará-la com a cidade cheia de pecado no Antigo Testamento (1 Pedro 5:13).

167

Pouco depois, ele escreve sua segunda carta, que também temos no Novo Testamento.

Pedro foi um das pessoas mais importantes tanto no Período do Derramamento quanto no Período Paulino. Sua proeminência continuou até os primeiros meses do Período da Perseguição. Pedro foi morto durante a perseguição de Nero.

Paulo. Depois da temporada de custódia em Roma, Paulo retomou sua atividade missionária. Suas viagens durante este tempo podem ser parcialmente reconstruídas a partir de detalhes em suas cartas. Parece que ele foi bem longe, alcançando até a Espanha, para pregar o evangelho. Ao longo destas viagens, Paulo escreveu mais duas cartas: 1 Timóteo e Tito. Mais tarde ele acaba por voltar a Roma. Nesta época, o imperador Nero vinha investindo contra os cristãos. Paulo foi preso. Enquanto aguardava sua execução, ele escreveu a carta que chamamos 2 Timóteo. Esta foi a carta derradeira escrita por Paulo.

Quer uma ajuda para memorizar o trabalho de Paulo?	
Três Viagens	**Três Prisões**
"Turquia"	Cesareia
Europa	Roma
Éfeso	Roma

João. Tradicionalmente reconhecido como o "Discípulo Amado", João foi uma figura muito importante no Período do Derramamento, quando atuou junto com Pedro. Ele parece sumir de vista durante o registro bíblico do Período Paulino — exceto por esta menção: ao lado de Tiago e Pedro, Paulo chama João de uma das *colunas da igreja* (Gálatas 2:9). Depois da destruição de Jerusalém, João parece ter se mudado para Éfeso, cidade localizada na costa da atual Turquia. Depois que Paulo e Pedro foram martirizados, João era a pessoa de maior destaque na igreja. Dos doze apóstolos originais, ele foi o último a sobreviver.

Judas. Sabe-se pouquíssimo sobre Judas, exceto que temos uma carta escrita por ele no Novo Testamento — que de tão pequena, hoje em dia poderia caber num cartão postal ou e-mail curto. Ela começa assim: Judas, servo de Jesus Cristo e irmão de Tiago. Visto que o nome Tiago (ou, em hebraico, Jacó) era bastante comum naquela época, há apenas um Tiago a quem uma referência assim seria feita sem maiores detalhes: Tiago, irmão do Senhor (Gálatas 1:19). Assim, o Judas autor desta carta só pode ser um dos meios-irmãos de Jesus, sendo mencionado nos evangelhos (Mateus 13:55; Marcos 6:3).

Grandes Eventos

Selecionamos quatro eventos importantes que transcorreram durante o Período da Perseguição:

- A perseguição de Nero
- O martírio de Tiago
- A destruição de Jerusalém
- O exílio de João

Perseguição de Nero. Nero foi literalmente um imperador infernal durante os segundos cinco anos (60–64 d.C.) de seu reinado. Nero tornou-se alguém iconicamente ridículo. Ele era absolutamente obcecado pelo aplauso do povo; ele tocava a lira e cantava suas composições no jantar; ele conduzia sua própria carruagem no circo romano; ele subia ao palco e fazia mímicas. Com o tempo, Nero foi se tornando num verdadeiro vilão: ele perpetrava após crime, a ponto de se tornar conhecido como um homem monstruosamente mau. Ele assassinou suas esposas, seu mestre, sua mãe e seus irmãos, sem contar muitos da nobreza dos cidadãos de Roma. A perseguição empreendida por Nero surgiu quando Roma sofreu um incêndio no ano 64. O fogo durou dez dias, e destruiu dez dos catorze distritos da cidade. Circulavam rumores que apontavam para Nero como o responsável pelo desastre. Ele procurou desviar as suspeitas de si jogando a culpa sobre os cristãos.

A tradição cristã faz com que o **martírio de Paulo** seja datado do último ano de Nero (68 d.C.). A tradição também indica que Pedro foi julgado junto com Paulo. Ambos foram executados. Por ser um cidadão romano, Paulo foi poupado da agonia prolongada e foi simplesmente decapitado. Já Pedro, foi condenado à crucificação. Ele mesmo pediu para ser crucificado de ponta-cabeça, pois se sentia indigno de morrer na cruz na mesma posição que seu Mestre. As informações das múltiplas tradições são desencontradas sobre onde os corpos dos dois grandes apóstolos foram sepultados.

O historiador romano Tácito, em sua obra *Anais* (XV.44), forneceu uma descrição bem gráfica do que se passou:

> Para livrar-se de suspeitas, Nero culpou e castigou, com supremos refinamentos da crueldade, uma casta de homens detestados por suas abominações e vulgarmente chamados *cristãos*. Cristo, do qual seu nome deriva, foi executado por disposição de Pôncio Pilatos durante o reinado de Tibério. Algum tempo reprimida, esta superstição perniciosa voltou a brotar, já não apenas na Judeia, seu berço, mas na própria Roma, receptáculo de quanto sórdido e degradante produz qualquer recanto da terra. Tudo, em Roma, encontra seguidores. De início, pois, foram presos todos os que se confessavam cristãos. Depois, uma multidão enorme foi condenada não por causa do incêndio, mas acusada de ser o opróbrio do gênero humano. Acrescente-se que, uma vez condenados a morrer, eles se tornavam objetos de diversão. Alguns, costurados em peles de animais, expiravam despedaçados por cachorros. Outros morriam crucificados. Outros ainda eram transformados em tochas vivas para iluminar a noite. Para esses festejos, Nero abriu de par em par seus jardins, organizando espetáculos circenses em que ele mesmo aparecia misturado com o populacho ou, vestido de cocheiro, conduzia sua carruagem. Suscitou-se assim um sentimento de comiseração até para com homens cujos delitos mereciam castigos exemplares, pois se pressentia que eram sacrificados não para o bem público, mas para satisfação da crueldade de um indivíduo.

Há controvérsia quanto à extensão da perseguição de Nero. Os historiadores romanos não falam sobre esta perseguição ter se espalhado para as províncias. Escritores cristãos tardios, todavia, afirmam que os cristãos em todo o mundo romano foram perseguidos durante o reinado de Nero. É possível que os seguintes textos bíblicos façam alusões a esta perseguição: Hebreus 10:32-34; 1 Pedro 2:12, 19-20; 3:14-18; 4:12-19.

Nero cometeu suicídio aos 32 anos de idade. Com a sua morte, a família do grande Júlio César pereceu. A anarquia reinou no Império Romano depois da morte de Nero. O trono passou a ser o troféu para o pretendente mais forte. O historiador Philip Schaff escreve: "Dificilmente houve outro período da história tão cheio de vício, corrupção e desastre como os seis anos entre a perseguição neroniana e a destruição de Jerusalém" (*History of the Christian Church*, VI.38). Aqui vai apenas uma amostra dos problemas que Roma teve: quatro príncipes (Galba, Oto, Vitélio e Domiciano) foram mortos à espada. Três guerras civis e várias guerras no estrangeiro desdobravam-se simultaneamente. De acordo com o mesmo historiador romano já citado, na mesma época houve desastres naturais sem precedentes: incêndios, terremotos e erupções vulcânicas, a arrasar cidades inteiras (Tácito, *História*, I.2). Os cristãos também sofreram, não apenas com a perseguição direta, mas com todas as convulsões por todo o império.

Martírio de Tiago. Tiago, o meio-irmão de Jesus, foi martirizado em Jerusalém. Um relato diz que ele foi jogado do ponto mais alto do Templo; outro diz que ele foi apedrejado. É possível que as duas coisas tenham acontecido. Tiago, o meio-irmão do Senhor, morreu ao redor do ano 66 d.C.

Destruição de Jerusalém. Tanto Daniel (9:26-27 e todo o cap. 12) quanto Jesus (Mateus 24:1-34; Lucas 19:43-44) profetizaram a destruição de Jerusalém pelos romanos. Jesus disse a seus discípulos para fugirem de Jerusalém quando vissem *o abominável da desolação* de que Daniel falou no lugar santo (Mateus 24:15, NAA). Lucas 21:20 deixa claro que essas palavras misteriosas referem-se a um exército. O exército romano carregava estandartes que eram considerados ídolos pelos judeus, por isso *abominação*. E *desolação* é a palavra certa para descrever o que o exército romano fez ao Templo e à cidade de Jerusalém.

Os cristãos fizeram exatamente o que seu Mestre os tinha instruído a fazer quando viram um exército romano aproximar-se de Jerusalém, para em seguida recuar. Todos os seguidores de Jesus saíram da cidade. De acordo com o historiador cristão Eusébio de Cesareia, os cristãos foram para o outro lado do Rio Jordão em busca de refúgio, numa cidade chamada Pela e outras ao norte de Jerusalém (*História Eclesiástica*, III.5).

Enquanto isso, Jerusalém sofreu de forma horripilante durante o cerco romano. Uma guerra civil tripla varria a cidade por dentro enquanto os romanos atacavam pelo lado de fora. Os romanos crucificaram centenas de prisioneiros todo dia, às vistas da cidade. A fome foi devastadora. Milhares morreram dentro da cidade. Ali, os zelotes tomaram o controle. Eles iniciaram um reino de terror contra qualquer um que pensasse em se render aos romanos. Houve relatos de cometas e meteoros, e todo tipo de presságio terrível, tudo interpretado como os sinais de uma vinda messiânica.

Até que os invasores finalmente conseguiram romper as defesas. Os romanos queimaram e arrasaram Jerusalém. Apenas três torres foram deixadas de pé como testemunho da força da cidade que desafiou Roma por quatro anos. Segundo o historiador judeu Flávio Josefo, o número de mortos foi de 1,1 milhão. Outros 11 mil morreram de fome e inanição pouco depois que a cidade foi totalmente sitiada. Cerca de 97 mil foram levados como escravos ou para morrer nas arenas de gladiadores.

A queda de Jerusalém no ano 70 foi importante para os cristãos por duas razões. Primeiro, ela cumpriu as predições feitas por Jesus quarenta anos antes. Assim, as profecias de Jesus se mostraram verdadeiras. Segundo, a destruição do Templo levou a uma separação entre judaísmo e cristianismo que foi completa e permanente.

Exílio de João. O último evento registrado na história do Novo Testamento é o exílio do apóstolo João na ilha de Patmos (Apocalipse 1:9). Patmos era uma ilha pequena, rochosa e estéril, com 13 km de comprimento por aproximadamente 6,5–10 km de largura. João estava preso nesta ilha quando teve as visões que registrou por escrito no Apocalipse (que significa *Revelação* em grego). O historiador romano Plínio, o Velho, menciona Patmos como lugar para o qual os indesejáveis eram banidos. O banimento foi uma forma encontrada pelos imperadores para livrar-se de agitadores influentes sem fazer deles mártires.

Grandes Milagres

Na Escritura, não há registro de grandes milagres durante o Período da Perseguição. João simboliza o poder da oração fazendo menção a milagres. Ele pinta o quadro de duas testemunhas (simbolizando a igreja de Deus) sendo mortas, mas depois elas são ressuscitadas (Apocalipse 11:11–12). Isto provavelmente simboliza o grande reavivamento final da igreja de Deus logo antes do fim.

A Mensagem de Deus

Doze livros do Novo Testamento foram escritos durante este período. Como seria de se esperar, a questão mais turbulenta durante o Período da Perseguição era como os cristãos deveriam responder conforme eram perseguidos. Livros inteiros como 1 Pedro, Hebreus e Apocalipse foram escritos para encorajar os cristãos em situação de perseguição (1 Pedro 3:13–18; 4:12–19; 5:6–14; Hebreus 10:32–39; 12:3; Apocalipse 2—3). O ensino do Novo Testamento é que os cristãos perseguidos deve encará-la mantendo-se pacientes, persistentes e firmes (Romanos 12:12; 1 Tessalonicenses 2:14–16; Tiago 5:7–11), sempre orando (Mateus 5:44; Romanos 12:14; 1 Coríntios 4:12) e dando graças (2 Tessalonicenses 1:4). Dificuldades assim serviram e servem ao propósito de pôr a fé à prova (Marcos 4:17) e assim fortalecê-la (1 Tessalonicenses 3:2–3). Em meio a este sofrimento, o cristão experimenta a graça de Deus (Romanos 8:35; 2 Coríntios 4:9, 12:10) e as bênçãos (Mateus 5:10–12; 1 Pedro 3:14; 4:12–14). A perseguição é oportunidade para que o cristão viva um testemunho visível e vivo do Cristo crucificado e ressurreto (2 Coríntios 4:1–12).

O espaço limitado permite apenas uns poucos exemplos das coisas de interesse que Deus revelou ao seu povo na literatura inspirada do Período da Perseguição. Toda a história temporal é foco desta revelação:

- **Passado distante**
- **Passado recente**
- **Tempo presente**
- **Futuro próximo**
- **Futuro distante**

Passado distante. Duas passagens escritas durante o Período da Perseguição lançam luz sobre as origens de Satanás (2 Pedro 2:4; Judas 6). Em algum momento, antes mesmo da criação do mundo, houve anjos nos céus que pecaram de algum modo contra Deus. Judas diz que esses anjos "não conservaram suas posições de autoridade mas abandonaram sua própria morada" (v. 6). Estes anjos rebeldes têm um líder. Seu nome é Satanás, o diabo. Os anjos rebeldes estão guardados sob trevas. Eles estão presos com cadeias perpétuas para o juízo final.

Passado recente. No passado recente (para os escritores e leitores do Novo Testamento), Cristo tinha acabado de concluir seu trabalho na Cruz. O livro de Apocalipse faz uso de uma linguagem altamente simbólica, e com ela descreve os esforços de Satanás (descrito como um dragão vermelho) para destruir Cristo antes que nascesse. Quando Cristo ascendeu aos céus, foi travada uma grande guerra espiritual. O arcanjo Miguel e seus anjos lutaram contra o dragão e os anjos dele. Em linguagem simbólica, João está falando de como Satanás tentou com todas as suas forças impedir a entronização de Cristo nos céus; mas não conseguiu. O dragão foi jogado à terra, onde se esforçou ao máximo destruir a mulher que Deus à luz o Cristo. Ela simboliza o povo de Deus (Apocalipse 12).

Tempo presente. O Cristo entronizado envia sete cartas a congregações cristãs (Apocalipse 2—3). Nestas cartas, ele revela as condições prevalentes — boas e ruins — em cada igreja. As congregações foram chamadas ao arrependimento. As pessoas nelas, encorajadas a manterem-se fiéis. Em sua epístola, Judas descreve longamente os falsos mestres que tinham entrado nas igrejas. Em suas três cartas, João também opõe-se a esses falsos mestres que negavam que o Cristo tivesse tido um corpo de carne e osso. João os chama de *anticristos* (1 João 2:18–22).

Futuro próximo. Há muita discussão entre os cristãos sobre quanto do simbolismo do livro de Apocalipse aplica-se ao futuro próximo (em relação ao autor João), e quanto aplica-se ao "final dos tempos". Apesar disso, quase todos concordam que, no mínimo, João revelou o futuro próximo das sete igrejas às quais Cristo escreveu as cartas em Apocalipse 2—3. O apóstolo Pedro também alerta contra pessoas zombeteiras que ridicularizam a ideia de uma segunda vinda de Cristo (2 Pedro 3).

Futuro distante. Pedro predisse que este mundo terminará com fogo, e depois dele se seguirão novos céus e terra (2 Pedro 3:12). Apocalipse mostra como, ao final de (simbólicos) mil anos de reinado de Cristo, Satanás é libertado. Ele sai pelo mundo a enganar as nações com a falsa religião, como havia feito antes que o evangelho viesse ao mundo (Apocalipse 20). João também descreve com belíssimos símbolos a Jerusalém celestial. (Apocalipse 21—22).

Antecipação no Antigo Testamento

Os cristãos perseguidos precisavam e ainda precisam ser lembrados que Cristo está no trono nos céus. Ele governa com um cetro (ou vara) de ferro (Apocalipse 2:27; 12:5). A soberania absoluta do Cristo sobre as nações já fora antecipada profeticamente por Davi: "Tu as quebrarás com vara de ferro e as despedaçarás como a um vaso de barro" (Salmo 2:9).

Evento Divisor de Águas

O imperador Tito teve um reinado popular mas curto, de apenas dois anos, e morreu cedo com 48 anos de idade. Ele foi sucedido por seu irmão Domiciano, com 38 anos de idade. Subia ao trono um irmão mais novo com complexo de inferioridade, que viveu amargando desprezo na própria família.

Domiciano foi implacável ao eliminar toda e qualquer oposição. A política de Nero contra os cristãos, antes posta em prática de forma esporádica pelos imperadores Vespasiano e Tito, foi implementada com força total. Domiciano proclamou a si mesmo *senhor e deus*. Templos para Domiciano foram erguidos, não só em Roma, mas também nas províncias. Os oficiais romanos ficavam desconfiados da lealdade dos cristãos, porque estes se recusavam a oferecer incenso à estátua do imperador. Foi nesta época que o apóstolo João foi exilado para a ilha de Patmos, onde lhe foram reveladas as visões que foram registradas no livro de Apocalipse. Isto se passou ao redor do ano 96 d.C. João veio a morrer, de morte natural, por volta do ano 100 da Era Cristã. E com isto, chegamos ao fim dos registros do Período da Perseguição na história bíblica.

Quadro Resumido

Período Nº 17						
Período da Perseguição						
1 & 2 Timóteo, Tito, Hebreus, 1 & 2 Pedro, 1, 2 & 3 João, Judas, Apocalipse						
C O N F I N A M E N T O de Paulo	Mortes de Pedro e de Paulo ca. 68 d.C.	Destruição de Jerusalém 70 d.C.		Exílio em Patmos 96 d.C.		M O R T E de João
	Imperador Nero	Imperador Vespasiano	Imperador Tito	Imperador Domiciano	Imperador Trajano	
63 d.C.	54–68	69–79	79–81	81–96	98–117	100 d.C.

PALAVRAS FINAIS

Nossa jornada pela trilha da história bíblica chegou ao fim. Viajamos do lindo Paraíso de Gênesis até a desolada ilha de Patmos. Nossa jornada nos levou a explorar mais de 2.200 anos do trato de Deus com a humanidade. Escalamos enormes montanhas de revelação divina, descemos até vales profundos de escuridão espiritual. Em nosso caminho, conhecemos os poderosos e os patéticos, os de Deus e os sem Deus, os cuja fé capengava por um fio e os cuja fé constante fez deles gigantes, que nos desafiam o quão comprometidos seremos hoje. Testemunhamos milagres estupendos, suportamos tempos de desânimo quando Deus parecia ter virado as costas ao seu povo.

Em nossa jornada, atravessamos dezessete estações. Em algumas, passamos por não mais que uma década; em outras, passou-se três ou até quatro séculos. E em duas delas, não sabemos qual foi a sua duração. Agora que completamos nossa jornada, estamos num ponto em que podemos fazer algumas observações mais amplas sobre a história bíblica. Separe alguns momentos para refletir nestas perguntas que perpassam o todo:

- O que aprendi a respeito de Deus?
- Qual foi o personagem mais memorável em cada Testamento?
- O que aprendi a respeito do pecado?
- O que aprendi a respeito da salvação?
- Qual foi o milagre mais importante em cada Testamento?

Abreviações

ARC . . . . Almeida Revista e Corregida
NAA . . . . Nova Almeida Atualizada
NIV . . . . New International Version
NTLH . . . . Nova Tradução na Linguagem de Hoje
NVI . . . . Nova Versão Internacional
TB . . . . Tradução Brasileira

Outros Títulos do Série
A Bíblia Explicada

Os Livros do Novo Testamento
Os Livros do Antigo Testamento

www.ingramcontent.com/pod-product-compliance
Lightning Source LLC
Chambersburg PA
CBHW062105080426
42734CB00012B/2756